会 讲 故 事 的 童 书

历史少年

我在明朝当水手

明小叔 著

光明日报出版社

图书在版编目（CIP）数据

我在明朝当水手 / 明小叔著 . -- 北京：光明日报出版社, 2024.3
（历史少年）
ISBN 978-7-5194-7723-3

Ⅰ. ①我… Ⅱ. ①明… Ⅲ. ①风俗习惯史—中国—明代—少年读物 Ⅳ. ① K892-49

中国国家版本馆 CIP 数据核字 (2024) 第 033121 号

梗概

　　子六和子满穿越到明朝，难得的机遇让他们学习了造船术和航海术。当他们准备出海的时候，突然被大明官军抓了壮丁。他们作为俘虏被押解到南京，后被郑和召入造船厂，参与大明宝船的制造。郑和得知子六和子满具备深厚的航海功底，便决定带着他们一起航海。第一次航海他们就经历了非常怪异的事情——用年轻人胆汁洗澡的国王、奔跑如飞的象车、杀人不眨眼的海盗王。他俩协助郑和生擒海盗王陈祖义，使得马六甲海域风平浪静。在大航海期间，他们经历了许多重大而有趣的事，比如对牵星术的改进、对青花瓷用料的更新，对新的动物和植物的引进、对异国他乡的探险和交流、与波斯湾的亲密接触、在非洲大草原的狂热冒险……在郑和的带领下，子六和子满亲自见证了明朝航海技术的发达、海运事业的蓬勃，以及中国建设海上丝绸之路的艰辛与不易、光荣与梦想……

目 录

第 ① 章 渤海奇遇 001

第 ② 章 大吃败仗 016

第 ③ 章 宝船下水 029

第 ⑧ 章 牵星之术 102

第 ⑨ 章 海上被围 118

第 ⑩ 章 奇袭获胜 132

第 ⑪ 章 牛粪面膜 147

第 4 章 奉旨出航 045

第 5 章 夜遇尸蛮 060

第 6 章 独臂飞贼 074

第 7 章 活捉海盗 089

第 12 章 大元青花 162

第 13 章 瑞兽麒麟 179

第 14 章 尾声 194

后记 200

博物索引

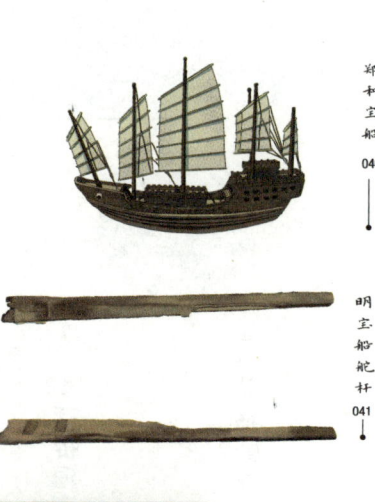

郑和宝船 040

明宝船舵杆 041

《天妃灵应之记》碑 056

郑和舍圆瀚金粉楷书《妙法莲华经》107

郑和布施锡兰山寺碑 144

青花海水纹香炉 149

洪保寿藏铭 197

青花园景花卉纹盘 150

瑞应麒麟图 193

三清宝殿铜钟 198

第 1 章

渤海奇遇

①

多年以后，面对突如其来的暴风雨，我跟子满仍会想起我们被一群蒙古兵追杀的那个遥远的下午。当时正值蒙古吞灭金朝之际，金朝国土沦丧，蒙古兵逼近中都（也就是现在的北京）。那时阴云密布，我跟子满在京西一座道观中收拾好画具，正准备欣赏一场萧瑟的秋雨。可是，秋雨未至，一群蒙古装束的军队从远处向我们靠近过来。

这些蒙古兵面露凶相，手执刀枪，带着鹰犬，正驱赶着一群哀声四起、手无寸铁的妇孺和僧道走来。有一个老僧步履蹒跚地走到蒙古军官面前，又是打躬作揖又是双手合十，似乎是在为这些可怜的俘虏求情，但蒙古军官十分跋扈，一皮鞭抽在老僧的脸上，顿时把老僧抽倒在地上。这还不算，他又大逞淫威，怒气冲冲地冲进人群，对那些苦苦哀求的人大打出手。

子满握紧了宝剑。

我按住他的手，说道："老弟，不可冲动，这些蒙古兵来者不善，咱们得想好退路！"

子满眼中冒火："宋金鏖战了这么些年，苦了老百姓。如今可算消停了，蒙古兵又起来了，势头比当初的金兵还厉害，老百姓又不得安生了。"

"兴，百姓苦；亡，百姓苦。咱们在乱世中能够保住小命就不错了，你还想当大侠吗？"我拉着他进了道观，"赶紧告诉观主逃命吧。留得青山在，不怕没柴烧。小命要是丢了，说啥都是白搭！"

观主此时也被惊动了，正不知所措，见我跟子满进来，忙问："两位少侠，蒙古兵逼近，如何是好？"

我斩钉截铁地说："三十六计，走为上策！什么都不要带，赶紧分散逃跑！"

观主唉声叹气："我住持此观近六十载，一朝抛弃，如何舍得？"

子满急道:"不舍得道观,倒舍得性命,你这样不怕死的道士,我还是头一次见到!"

一语点醒梦中人。老观主不再啰唆,她把观中女道士集中起来,把她们分成几组,各自逃散。她也在监院的扶助下,匆匆朝东去了。

人去观空,我趴在墙头眺望,蒙古兵已逼近山门。

"老弟,咱们哥儿俩也脚底抹油——溜之乎吧!"

我们找来一些粗木头把观门顶住,然后也朝东边逃去。不知跑了多久,跑得一身臭汗。本想着应该没危险了,可以停下来喘口气,谁知道屁股还没落地呢,几条恶犬就咆哮着冲了过来,紧跟着蒙古追兵也到了,嘴里呼喊着,海东青在我们的头顶盘旋。

"老弟,咱俩也没翅膀,怎么跑得过这些天上飞禽呢!"

"老哥,难道今天咱们被抓了?商朝、秦朝、汉朝、唐朝、宋朝咱俩都遇到磨难,难道说要栽在蒙古兵手里?"

"老弟,你想多了,让咱们死的人,还没出生呢。别瞎想了,快跑吧!"

我们头也不回地往东跑,蒙古兵在后边狗撵兔子似的猛追不舍。跑着跑着,一条大河拦住了去路。这条河从燕山山脉的两座大山中间流出,看似是两座山实则是一整座山,后来被这迅猛的河水冲开，裂成一道深深的峡谷，两岸是高耸的悬崖，壁立千仞。

我们跑到悬崖边，四只眼睛往悬崖下的大河看了看，心想——完了，吾命休矣。从这儿跳下去，不是摔死，就是淹死，总之是活不成。

子满心里直打鼓，问道："老哥，如之奈何？"

我也看得心惊肉跳，但仔细想了想，说道："老弟，与其忍辱偷生，不如把命交给老天。咱哥儿俩就从这儿跳下去，听天由命吧！反正，我是宁死也不当俘虏的。"

"老哥，我听你的，只可惜我这一身的能耐，会认甲骨文、会制作陶俑、会相马驯马、会作诗跳舞、会作画……我这一身本事还没发挥呢，没想到竟然要死！"

我瞪了他一眼："别委屈了，哥还不是一样，跳吧！"

我拉着子满，把眼一闭，从悬崖上一跃而下。

2

不知过了多久，在一波又一波的海潮声中，我慢慢地苏醒过来。阳光十分刺眼，我花了好一阵子才适应了这份久违的艳阳。头顶上有一群鸥鸟在盘旋。

  我浑身湿透,支撑着站起来,往四下张望——好家伙,不知道哪阵神秘的力量,把我们送到了海边。浩瀚的海洋,汹涌的波涛,可惜没有柔软的沙滩,只有裸露的礁石,上面长满了苔藓。

  子满仰面躺在离我不远的一块岩石上,还没醒过来。

  远处是一片树林,海面上漂浮着几叶渔舟。

  我用尽浑身的力气来到子满跟前,又是摇又是拍打,折腾了好一阵子,这小子也没能苏醒。我绝不相信我那历来福大命大造化大的弟弟会被海水淹死。可是我浑身也没力气,刚才一阵施救,搞得我眼前直冒金星。

  我喊了几声救命,就觉得眼前一黑,后来发生什么就不知道了。

  再次醒来的时候,我们已被移到一处海滩上。我有气无力地睁开眼,一堆篝火映入眼帘。火苗突突上蹿,立刻驱走了我身上的寒意。我来了精神，发现两个须发皆白的老者，正在往子满嘴里灌东西。

我一阵紧张，喝道："老头，你们要把我老弟怎么着？"

可能我的耳朵进了海水，那两个老头咕哝了几句话，我一句也听不清楚。只见一个老者走过来，手里拿着个海螺形状的杯子，也给我灌了那么一杯子。

原来是清水！清水落肚，就像一股暖流滋润了我久被海水浸灌的肺腑。

我登时明白了过来，跪在地上给两位老者磕头。

老者将我搀起，说道："你的老弟海水喝得比你多，灌了几大杯清水了，至今还未能苏醒。不过死不了，过一两个时辰就会醒的。"

此时月上中天，一片银辉泼洒在海面上，银鳞般的海波迷幻般地闪耀着。两位老者的满脸慈祥、温暖、超脱的表情，仿佛海外仙人一样。

其中一个老者问道："你们是怎么到这渤海边的？"

我这才知道我们现在身处何地。于是编了个借口，说我们哥俩是乘船在海上遇到风浪漂流到此处的。

老者感慨道："真是机缘巧合，二位大难不死，必有后福啊。"

"这么说，我俩现在是安全了？"我兴奋地问道，"不知我们这一趟遇难过了多少天？二老又是什么人？"

一位老者飘然而起，白须飘摆："今天是洪武三十年（1397）的八月十五，我们老哥儿俩正准备趁着潮汐出海一趟，偏遇上你们小哥儿俩在此落难。我们把你们救起，才来到这片海滩。你们在这汪洋大海里不知漂泊了多少昼夜，竟然没有断送性命，实属奇迹！"

忽听"咿呀"一声。

循声望去，但见子满也挣扎着坐起，往四下张望。他看见我正坐在火堆旁，旁边还有两个老者，眼睛顿时一亮。"老哥，咱这是到哪儿了？要搞海滩篝火晚会吗？"

"别瞎说！"我连忙制止他，怕引起误会，"你先缓缓，等我慢慢跟你说。"

两位老者见子满醒了，说道："渤海湾风大浪急，能从海难中死里逃生的，我们平生所见不多，足见老天待你们不薄！"

我拉着子满再次跪倒在地，拜谢两位老者救命之恩。

我充满好奇地问道："二老尊姓大名，可否见告？"

他们中那个清瘦、个子高挑的老者道："我叫朱继清，那位是我结义的兄弟，名叫张又瑄。我们祖祖辈辈都以航海为业，到了我们这一辈，已经是第四辈。第一辈，我的曾祖父叫朱清，他的曾祖父叫张瑄，他们在元朝出海；第二辈和第三辈，我们的祖父和父亲，也是从小就出海。到了我们这一辈也不例外。我的父亲为了鼓励我能像曾祖那样到大海上开创一番事业，给我取名朱继清；他的父亲也是这个意思，给他起了个名字叫张又瑄。我是'继'，他是'又'，这可寄托了几代航海人的梦想！"

朱继清，张又瑄这两个名字倒没什么，但听到朱清、张瑄的名讳，我却惊呆了。我曾跟老爸去过位于上海的航海博物馆，对中国航海的历史略知一二，有一节讲到元朝的大航海，其中就有朱清、张瑄这两位的大名，是大名鼎鼎的航海家！

我满怀着钦敬仰慕的心情，道："原来两位是元代大航海家之后，失敬失敬！"

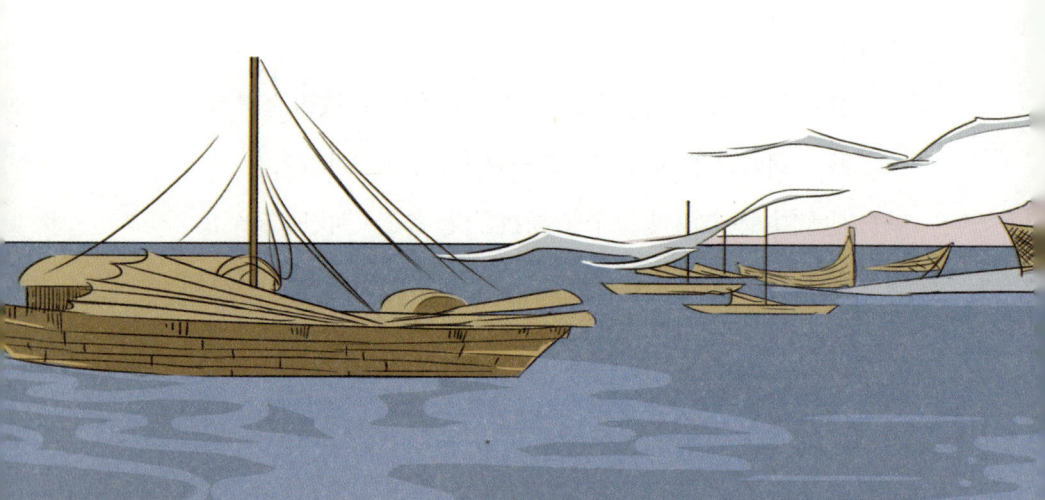

元朝的航海业是非常值得称道的。

元朝国祚虽短，但在航海领域却取得了巨大的成就。在灭亡南宋的过程中，元朝人就深知航海的重要性。南宋灭亡后，这些马背上的统治者并没有迷信骑兵的力量，而是把南宋的造船技术和航海技术掌握到手。可以说，元朝的造船能力是惊人的，尤其是完成统一后，海上军事活动和大规模的海上漕运，使元朝的海运事业大大超越了前代。

当时曾到过中国的西方人马可·波罗亲眼见到了中国海运的盛况——黄河上"有属于大汗之船舶，逾一万五千艘，盖于必要时运输军队赴印度海诸岛者也"。元朝涌现了许多大航海家，汪大渊就是其中的佼佼者。

汪大渊是江西南昌人，从小胸怀大志，景仰读万卷书、行万里路的司马迁。1330年，他从泉州搭乘远洋商船首次

出海，于 1334 年回国。1337—1339 年，他再次出海。归国后，他把两次航海的所见所闻记录整理，写成《岛夷志略》一书。该书所记录的国家或地区名称超过 220 个，内容涵盖经济、人文、风俗、地理、气象等，是中外航海史上一部重要的著作。

我把我所知的这些零散的知识说出来后，二老投来了欣赏的目光。

朱继清仿佛一下子年轻了几十岁，兴奋地道："没想到你小小年纪，竟对这些航海典故如数家珍，了不得！了不得！"

张又瑄也仿佛陷入无尽的回忆当中，自豪地道："不是老朽夸口，我年轻的时候——就像你们这么大，或许比你们还略小些，还曾跟着汪大渊出过海呢！"

朱继清眼睛一亮，道："当时咱们比这两个孩子还小，也不过十来岁年纪，是船上最小的水手和学徒。当时跟着汪大渊出海，学了不少航海本领。"

子满问道："你们学到了什么？"

朱继清捋了捋白胡子，说道："造船术、航海术、牵星术、火炮、草药……咱们这一身的本领，都是汪老爷子教的。"

张又瑄接着道:"汪大渊去世后,咱们哥儿俩继领风骚,船越造越大,航线越开辟越长,到过的国家越来越多,这份成绩至今无人能超越。要不是哗啦一声大元倒了,咱们也不至于流落到渤海之滨,做个渔翁了此残生!"

朱继清激动道:"时也!运也!命也!要怪就怪元人无道,多行不义必自毙!如今天下太平,老百姓终于不用再颠沛流离。"

张又瑄也不无遗憾地道:"只可惜咱们老哥儿俩这一身的航海本领,恐怕要带到棺材里去。"

子满眼里冒光,说道:"如果不想带到棺材里也有办法啊。"

朱继清道:"有什么办法?"

"教给我们哥儿俩啊!"子满的脸皮真够厚的,我虽然也有此想法,却着实不好意思说出口。

朱继清和张又瑄对视了一眼,道:"你们想学?"

我跟子满不约而同地点点头。

张又瑄摇了摇头:"他们俩一点儿基础都没有,根本学不会的。"

朱继清也是先摇了摇头,但后来又点了点头:"咱们当初也是没根基的,肯下苦功夫就行!"

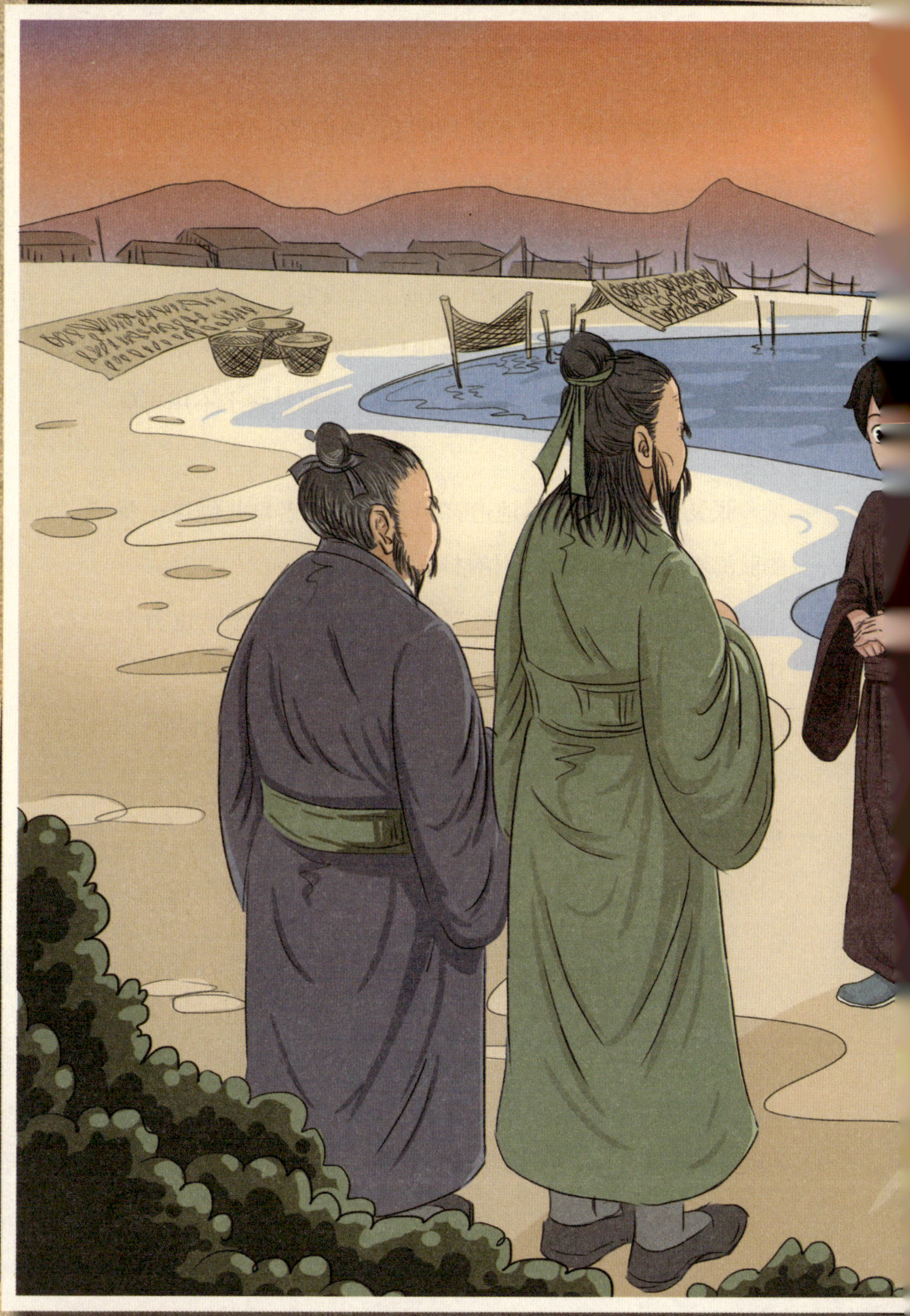

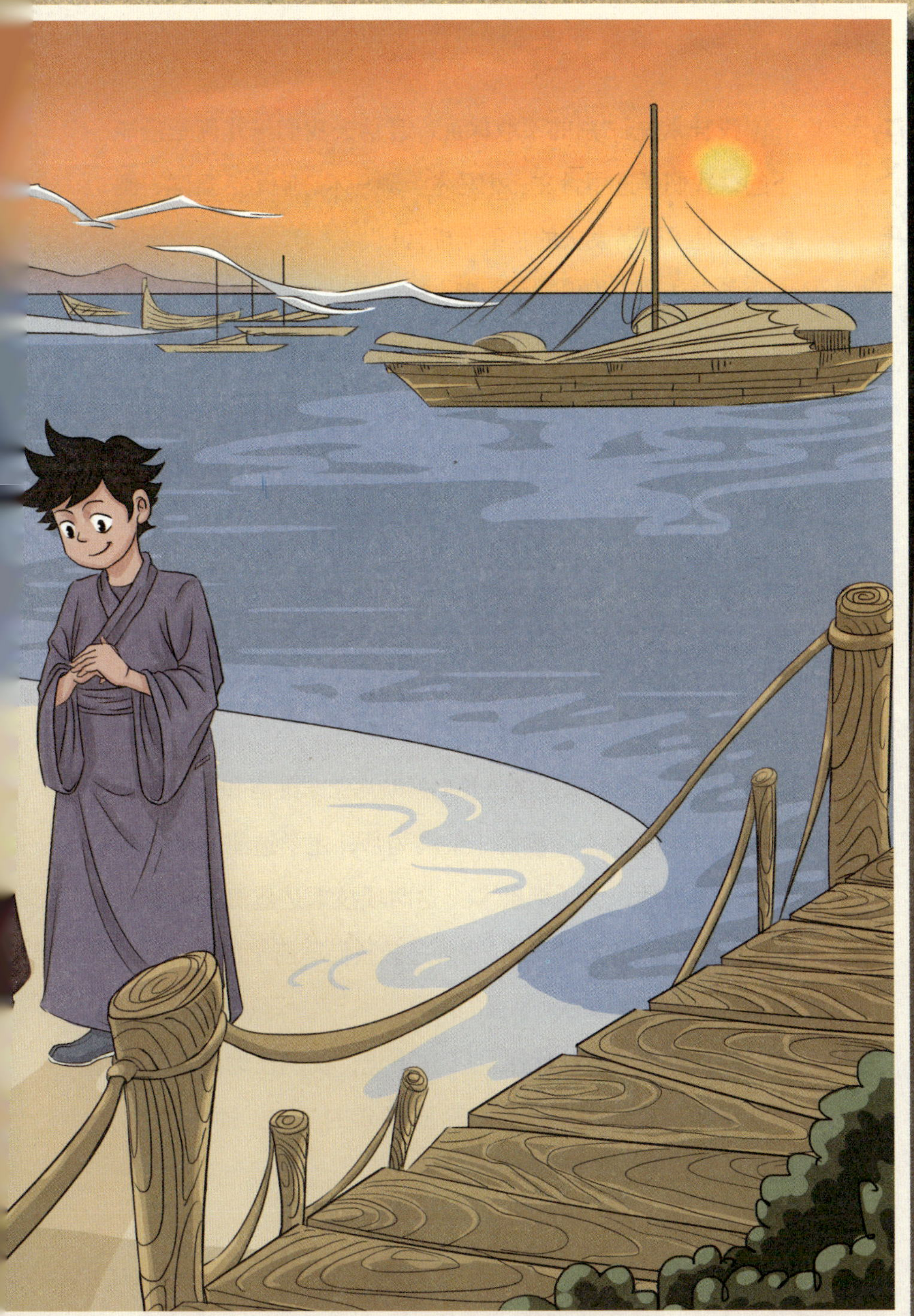

我赶紧说:"别的不敢保证,苦功夫我们哥儿俩是最能下的,我们学过甲骨文、相马术、驯马术、唱歌、舞蹈、画画,都是下过苦功夫的,绝无虚言!"

子满从怀里掏出一个画囊,这画囊是子满珍惜之物,外面用油布包裹,浸水不湿。只见他小心翼翼地展开,原来是一幅画。他不无骄傲地说道:"这幅画乃是我在燕山中所作,名曰《燕山傲雪图》,九死一生都未曾割舍,如今拜呈给两位师父,一则见证我们哥儿俩的一些小功夫,二则见证我们拜师之诚。"

二老接过画作看了又看,不住地啧啧称奇:"确为佳作!确为佳作!有这番功夫,到时候可以把咱们教的本领画成图册,流传后世。"

就这样,在渤海之滨,我们拜航海家朱继清和张又瑄为师,学习航海术。子满拜朱继清为师,主学造船术;我则拜张又瑄为师,主学牵星术。这两项技术是航海术中最核心的部分,除此之外,二位恩师还教我们草药学和博物学的知识,都是航海中必须掌握的内容。

日月轮转,春秋代序。不知不觉,我们在渤海之滨的一个小渔村里学了两年有余。这两年的工夫,师傅真教,徒弟真学,没一天是浪费的。

这天，二老把我们叫到身旁，对我们说："堪堪两年光景，我们已将毕生所学尽心传授，如今需要你们到海上历练一番，检验所学。我们已联系蓬莱的一家船队，近期他们要到朝鲜去贩参，你们可随船出海。"

子满道："师父，我们学习时间如此短促，能行吗？"

朱继清仰天大笑："倘能把我们所教的在海上一一历练，你们日后必将成为名扬天下的航海家！"

我们听了，既兴奋又忐忑。

第二天一大早，我们拜别了师父，驾上一叶小舟，朝蓬莱驶去。

第 2 章
大吃败仗

①

　　船在海上不疾不徐地行了十余日。这一天，到了蓬莱，我们按照两位师父所说，去寻找"朱老大"船队。好在这个船队在当地很有名气，一打听就有人告诉了我们地址。

　　见到了朱老大，我们把师父的推荐信呈上。

朱老大满面欢颜："二位这么小的年纪，就得朱继清、张又瑄两位大航海家的真传，当真是奇遇！你们可知道，这二位可是当今航海界的高手，我们烧香拜佛，求爷爷告奶奶，做梦都梦不到能拜到他们门下呢。"

我们一听，更加自豪了。

当天朱老大安排我们住下，等待着出海的日子。

最近海上起了大浪，尤其是通往朝鲜的海道，风大浪急，极不利于航行，船队只好在蓬莱等待。

半个月过去了，我们实在无聊。有一天，吃罢了饭，我们决定到八仙渡海处游赏一番。当时正是仲春天气，莺莺燕燕花红柳绿的，正在路上走着，谁也想不到竟然出了意外。

我们路过一条小溪，水面虽不宽阔，但溪水清澈。两岸广植垂柳，柳枝迎风招展，更有许许多多的野花野草，色彩绚丽，好一派春光景色。自然我忍不住吟哦几句，子满忍不住扭动腰肢，跳几下舞蹈。他善于舞剑，但那天没有佩剑，无奈之下折了一枝柳条，权当剑用。

无限春光中，子满舞柳生风，摇曳多姿。

我看得醉了，还有几位行人也忍不住驻足观赏，嘴里发出啧啧的赞叹声。

偏在这个让人开怀的时刻，沿着官道来了一队人马，掀起一片尘土。这支军队人数不少，一眼望不到队尾，而且旌旗蔽天，马蹄盖地，看得出来是官军。旗帜上也写得明白："明"！惊得我们停止了娱乐，心中不住嘀咕，官军这是要去哪里？

正在我们瞎想的时候，一股官军从大部队分出，直奔小溪而来。

眨眼的工夫，官军就到了。只听马上的军官说："把这些人都给我绑了！"

子满质问道："为什么绑我们？"

那军官鼻子一歪，扬起马鞭，照着子满的脑袋就抽下来："小兔崽子，有你问话的份儿吗？爷说绑你就绑你，再敢啰唆，砍了你的脑袋！"

我赶紧示意子满闭嘴——好汉不吃眼前亏。

子满一把抓住马鞭，道："绑就绑，有什么了不起！"

军官的鞭子被子满攥住，使了几次劲儿，都抽不回去。他知道我们不是好惹的了，态度也就没那么横了，说道："我也是奉命行事，请不要与我为难！"

我趁机问道："这位军爷，这是奉了谁的命，要绑我们去哪里？"

那军官爱答不理，一副傲慢的神情："李景隆大将军要北上平乱，官军里缺了护送军粮的士卒，让我们找人充数。"

我试探着问道："难道北方有人造反了？"

军官极其不耐烦："怎么就你话多？洪武爷晏驾，皇太孙朱允炆登基，下令削藩，燕王不服造反，我等前去平叛。你们不要以为白使唤你们，到时候造了花名册，打了胜仗还要封赏呢！"

我偷着吐了吐舌头，我虽然对明朝历史了解得不是很多，但也大概知道，这位皇太孙就当了四年的皇帝，就让他的叔叔燕王朱棣赶下台了。

秀才遇见兵，有理讲不清。我们索性不再饶舌，任由军官绑了，赶赴军营。到了部队，果真给我们登记造册，分发了步卒的衣服，分派给一位老兵，负责护送军粮以及烧火喂马。

这也算不幸中的万幸，最起码不用上战场卖命。可惜，我们的航海梦就这么匆匆破灭了，我们要到大海上历练一番的憧憬也成了泡影。

这真是人生难料。

2

大军迤逦北上，一路上拉了不少壮丁，以充作后勤补给。

我和子满跟着老兵每天除了照看军粮，就是切菜做饭，倒也自在。这一天，正在行军，我们坐在一辆骡车上，因为是春日光景，路旁春意盎然，搅动得我心中有些恍惚，仿佛这是去游春，而不是去打仗。

子满心情愉悦地吹着口哨，我也享受着旖旎春光的温柔抚摸。

老兵苦笑了一声："真是少年不识愁滋味，此去北平凶多吉少，亏你们还能美滋滋的。"

子满不屑地反驳道："如此大好春光，正宜好好享受一番，何苦拉长个脸，跟春光作对？"

我也附和道："老哥，既然前途凶险，此刻更要放开怀抱！"

老兵又是苦笑："告诉你吧，咱们这一趟大概是有去无回了。"

子满问道："为什么要去北平打仗？"

老兵摇了摇头，叹口气："你们对大明当下最要紧的事竟然一无所知?"

老兵话锋一转:"也难怪你们不知。你们才断奶几天,哪里懂得天下大事,还是我讲给你们听吧。从何说起呢……"

老兵陷入回忆当中。他缓缓地说道:"元人无道,不把老百姓当人看,尤其是原来属于宋朝的南人,更加受到非人的待遇。幸亏洪武爷带兵反抗,短短数年时光,把个偌大的元朝打得稀里哗啦,建立了大明。元朝还剩下一个皇帝和几位王爷跑到大漠,再也不敢南下了。"

子满插话道:"元兵的彪悍和嚣张,我们哥儿俩也是见识过的,那说起来真是一肚子气……"我赶紧用眼神示意子满住嘴。子满也觉得说漏嘴了,忙吐了吐舌头,闭口不言。

老兵瞪大了眼睛:"小兔崽子,你拿爷爷我逗闷子呢?元兵肆虐的时候,你还不知道在哪个娘肚子里转筋呢!连我都没赶上,何况尔等。"

我赶紧转移话头:"老人家您接着说,别听子满瞎叨叨。"

老兵又叹了口气:"要说咱们洪武爷,真是不世出

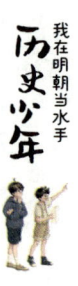

的大英雄。他老人家出身低微，据说还当过和尚，要过饭。后来投到郭子兴的军中，屡建奇功，先后消灭了陈友谅、张士诚，定鼎江南。整顿军马后，挥师北上，驱逐元军。虽然遇上王保保这样的强敌，可最终还是把元帝赶到了塞外，一统华夏。"

我不禁赞道："洪武爷可真算得上了不起的皇帝！"

老兵不住地点头："那是自然！洪武爷吸取宋朝教训，把几个儿子都封到了边疆。只留下长子朱标作为太子，预备着将来继承皇位。可惜，太子早早亡故。洪武爷爱屋及乌，就把储君之位传给了太孙朱允炆，也就是当今皇上。这位皇帝登基后，不知道听信了什么人的谗言，竟然认为他的叔叔们要反对他，他要先下手为强。于是叔侄反目，干戈四起。"

子满不解地问："难道骨肉之间也要起干戈吗？"

老兵无奈地道："越是骨肉才斗得越狠哩。这几位叔叔里，老四，就是燕王朱棣最厉害。燕王雄才大略，麾下谋士、猛将如云，最难撼动。皇上偏偏拣着硬骨头啃，这回估计要吃苦头了。"

说话间，日坠西山，一片火烧云缭绕于远处峰峦之上，染红了大半个天空。有几只倦鸟，在晚霞的衬托下啁啾不已，急匆匆归巢而去，而我们却还在命运划定的圈圈里打转——我记得此时此刻距离我们逃离中都——现在应该叫北平，并没有多么久远。

3

经过十数个昼夜的急行军，李景隆的大部队兵至北平，驻扎在郑村坝一带。

当时燕王朱棣率领精锐部队在塞外作战。城内只有世子朱高炽以及一些老弱残兵和宦官小监在守城。

尽管如此，朱高炽率领城内军民誓死抵抗，李景隆攻了几次竟然无法叩开城门，双方陷入胶着状态。

朱高炽组织人力，挖通地道，派人把军情送到正在塞外打仗的燕王麾下。燕王接到信后，紧急回师。在此过程中，李景隆又组织了几次攻城，皆被城内军民打退。官军士气低落。

老兵每天就忙着一件事：算算粮食还够吃几天。粮草是打仗的根本，粮草吃光了，仗还怎么打？我和子满心里也跟着着急，这么天天消耗粮食，却不打胜仗，一旦燕王回师，跟城内的军民内外夹击，可够李景隆喝一壶的。

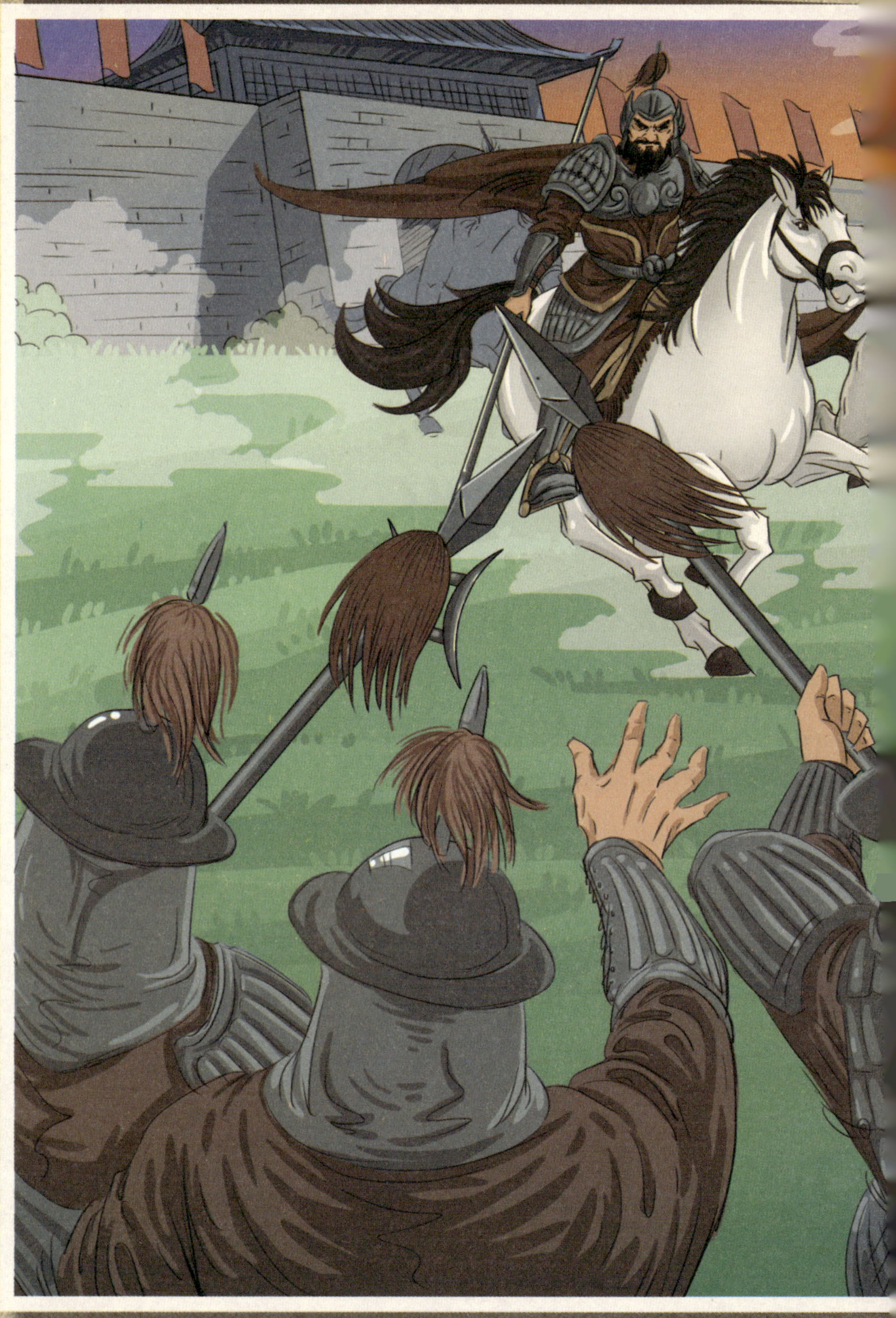

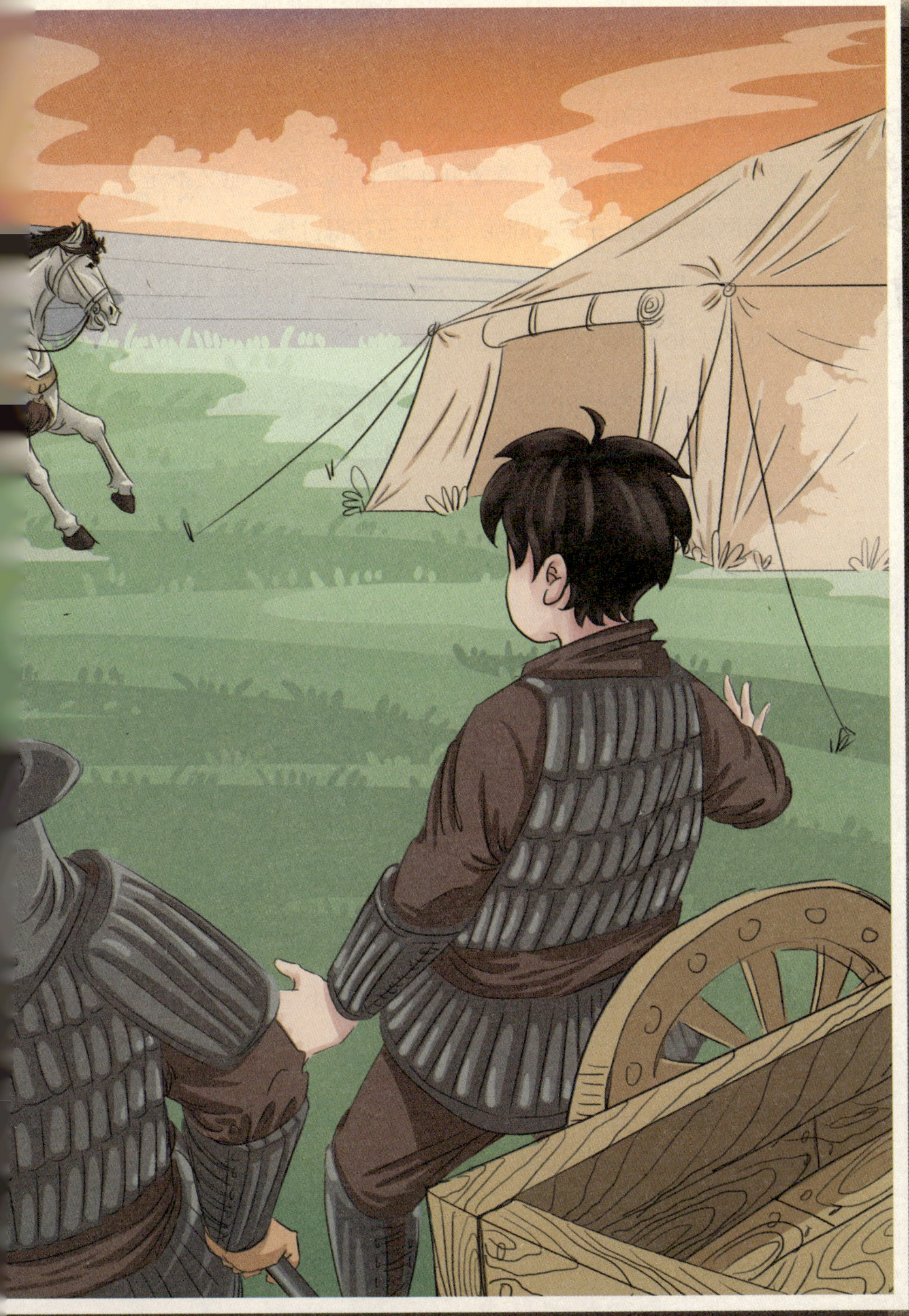

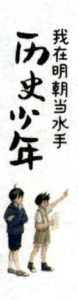

李景隆却不以为然，认为城内的军民吃不住劲儿了，必定有献城投降的。而且燕王回军哪有那么快？他又不是坐火箭回来，得过好长时间呢，就看谁耗得过谁。

谁承想，李景隆大大低估了燕王的军事指挥能力，也大大低估了北平城内军民抵抗的决心。

这一天，老兵带着我们做好了饭——官军的食物配给已经大大不如以前了，只能勉强不饿着肚子。老兵抱怨道："粮食快见底了，却连北平城一块砖头都没拿下，这仗打得，唉……"

我也感觉不妙："如今李将军出师不利，倘若燕王的部队杀回，咱们可就全完了。"

子满眼睛一转："老哥，咱们赶紧想办法逃走吧！"

老兵苦笑道："逃？你看这阵势，你纵然是肋生双翅，能逃到哪儿去？各安天命吧！"

我心中不甘："要是咱们去找李将军剖析一下形势呢？"

老兵大惊失色，急道："你可拉倒吧，他要是能听得进去话，也不至于弄到现在这个地步，这生不生死不死的，算什么事啊！"

我一想，也对，李景隆刚愎自用，肯定不会听我们的话，况且我们算老几啊，后勤的伙夫而已！这可真急死人了。

低迷的情绪很快笼罩了全军。一种可以预知的悲惨结局正在等着我们。前线的官军尤为悲观。

我跟子满倒是豁达乐观，管他的呢，经历了那么多大难都没死，眼前这点儿小坎坷算得了什么。我们哥俩决定该吃吃该喝喝。

这一天黎明，老兵催促我们哥俩起来生火。突然听见北平城方向响起了大炮声，"咚——咚——咚——"，惊天动地，脚下的大地仿佛开裂了一般。我赶紧去找子满，这小子还在磨蹭呢，我催促道："快点儿吧，大事不妙！"

果然，几声炮响过后，便是一阵战马嘶鸣声，兵器相击，人声相和。北平城门大开，从里面雄赳赳杀出一队人马，为首的是个大个儿，我站在车辕上看得清楚，用现在的尺寸来说，得有将近两米的个头儿，骑着一匹雪白的高头大马，手中擎着一杆画戟，脸上不怒自威，两眼射出精光。只见这个人把画戟一竖，然后朝着官军方向一指，那些装备精良的士卒就如同开闸的潮水一般朝官军方向冲杀过来。

我赶紧大喊了一声："不好了，守城军发动袭击了！"我用尽浑身的力气，大喊了一阵，可是官军似乎没有反应。喊到最后，才有几个营帐陆陆续续地有所动静。

就在守城军杀出城的同时，官军的后方也旌旗蔽天，烟尘滚动，杀来一队人马。这队人马队头望不见队尾，全部是黑色的军装，军旗猎猎，写着"燕王"两个字，就像一条黑色的长龙在大地上盘旋、奔腾。

我一看，完了，燕王果然通过急行军，赶回来增援。这还不算，城里杀出来的军队冲入官军阵营，如入无人之境。

那位两米高的大汉，仿佛一阵旋风似的，从李景隆的大帐席卷而过，去跟燕王汇合。

接下来的情况可想而知。官军被前后夹击打蒙了头，好多兵都不知道怎么回事呢，就身首异处。

堂堂官军从南京跋涉了两千多里，煞有介事地围了北平城，却糊里糊涂地打了一个大败仗。

好在燕王优待俘虏，我们被俘的时候，并没有受到什么惩罚或刁难，整编在燕王军队的后勤部队，然后随着燕王整顿鞍马，杀奔南京而去。

第 3 章
宝船下水

①

在路上我们得知，那位两米高的汉子，名叫马和，据说因为在郑村坝一战中立下大功，被燕王赐了"郑"作姓，从此便叫作郑和。

郑和是云南人，他的身世大有来历。一个远在西南边陲的云南人怎么到南京当了宦官呢？这还得从大明朝对滇用兵说起。

盘踞大都的元朝统治者逃往大漠之后，又在漠北建立了政权，史称"北元"。北元不过苟延残喘，但各地仍有部分元朝的残余势力奉北元为正统。当时云南的局势

非常复杂，既有遥尊北元的梁王，又有控制大理一带的大理总管段宝。段宝跟梁王有杀父之仇。

朱元璋决定对梁王采取招抚政策。梁王识时务，便以进献幼童的方式，对明朝表示臣服。

这些幼童当然不是普通人家的孩子，只有豪族和王公家的孩子才有分量。当然也会调配一些中小贵族家的孩子作为同伴。郑和所在的家族正属在选的中小贵族之列，因此不过总角年纪的郑和就被选中，跟那些豪族王公家的孩子一起送往南京，充当人质。

后来情况又发生了变化。北元派遣使者脱脱来到云南，逼迫梁王杀了明朝使者。

朱元璋得知后，为了顾全大局，再次派出使者前往昆明协商，结果又被梁王杀掉。朱元璋非常气愤，决心对云南用兵。

在用兵之前，朱元璋一个小小的决定，改变了郑和的一生。

梁王反复无常，明朝决定把这些来自云南的孩子进行阉割，成为"火者"，即服务于内廷的基层宦官，也就是我们现在影视作品中所说的太监。

郑和成为太监后，在南京的明朝内宫度过了他的青少年时期。

朱元璋上了年纪后，十分挂念各地皇孙的读书情况，就在大内的大本堂设立书院，并派使者把各地藩王的世子都接到南京读书。燕王世子朱高炽就是这个时候来到南京的。郑和被安排侍奉世子读书，逐渐地跟朱高炽熟悉起来。

建文帝登基后，一心想要削藩。他最大的眼中钉肉中刺就是他的四叔——燕王朱棣。当时朱高炽还在南京，朱棣野心虽大，但投鼠忌器，不敢妄动。朱棣多次请求放回他的儿子朱高炽，糊涂的建文帝竟然答应了这样的请求，允许朱高炽返回北平。

护送朱高炽北上的团队中就有郑和。建文帝恪守朱元璋制定的宦官不得干政的训令，对宦官的管理非常苛刻。南京的宦官人人自危，当削藩的血雨腥风开始的时候，他们秘密逃亡，各寻活路。其中逃往北平不失为上上之选。

郑和护送朱高炽来到北平，同时向朱棣献上了关于南京和建文帝的宝贵情报，受到了青睐和重用，加上郑村坝一役，郑和又立下大功，于是他不仅被赐姓为"郑"，还在朱棣的心中留下了非常深刻的印象——郑和有勇有谋，是个不可多得的将才！

2

靖难之役，建文帝朱允炆城破兵败，下落不明。朱棣成为大明王朝新皇帝，年号永乐。在此过程中，郑和立下了不少功劳，成为永乐帝最为信任的宦官。

我跟子满在明初这场叔侄交锋中，作为俘虏，一直跟随着燕王的军队，从事后勤服务工作。燕王胜利后，我们被拘押在南京牛首山的一个寺庙里，等待发落。

那段度日如年的日子，我一点儿也不愿提及。每天行走坐卧都在监视当中，连拉屎撒尿都要打报告。这还算好的，最让人无法忍受的，是那种不知道何时结束这种生涯以及随时有可能被拉出去砍头的恐惧感。

跟我们一起的老兵，心态倒是乐观，他常告诉我们："我们不过是烧火做饭的，永乐帝打仗也得吃饭喂马，还得用我们呢！"

我们心里说，我们学的是航海，我们的事业是在浩瀚的大海上，谁愿意去烧火喂马啊——当初还不是被建文帝的军队抓了壮丁！

第 3 章 宝船下水

我们怕忘了航海的那些本事儿，没事的时候就写写画画，或者互相考问，或者进行一些海上的急救演习，搞得跟真在海上航行似的，周围同是俘虏的人纷纷过来围观，有时还会鼓掌喝彩。一来二去，连看管我们的人也喜欢看我们哥儿俩瞎鼓捣。

有一天，我跟子满正因为夜空中一颗星的位置演变而发生争吵，一个军官忽然找上我们，不由分说，让几个官军押我们出去。

我们眼巴巴地望着老兵——这个时候老兵可是我们的主心骨啊，而且还是我们的老上司。老兵鼓着瘪腮帮子道："怕啥！问啥说啥，别胡说八道！"

我们的心提到嗓子眼儿，因为我们不止一次看到，某些人被官军提走后，就再也没有回来。所有的俘虏都认为，一旦被提走，就意味着被拉去砍头。

那个军官押着我们离开寺庙，下了山，走了大概一个时辰，来到一处所在。原来是一个大造船厂，坐落在江边，里面人来人往，巨大的龙骨耸立，看来正在造大船，场面异常宏大。

进入船厂，又拐了几个大弯，才到了目的地。是一处装饰精美的小精舍，里面熏着香，坐着一个人。

子满突然说道:"老哥,这不是郑村坝一战的大英雄,被赐姓'郑'的那位郑和吗?"

我抬眼细看,可不是吗!他姓郑,我们也姓郑,五百年前是一家,兴许会饶我们不死,也未可知。可再一想,他这郑姓,是永乐帝赐的,并非出生时就姓郑,因此又是凉水浇头。

郑和听我们这一说,倒十分好奇:"你们认得我?"

子满抢着说道:"如何不认得?当初在郑村坝,你出入万千军中,威风凛凛,让我们印象深刻。你的个子高,我的老哥率先发现了,便向李景隆发出预警,可惜他们不信,导致一场大败。"

我补充道:"也是合该永乐帝入主天下!"

郑和听了,非常高兴:"谁说不是呢,皇上天纵英姿,必将成为一代雄主。听管你们的人说,你们两个会航海?"

子满胸脯一挺:"岂止是会!简直算是精通……"

我拽了拽他的衣袖,打断他道:"不才,学过几天,谈不上精通。"那一刻,我知道子满肯定是诧异地望着我,可是在情况不明之时,说任何实话都是危险的。

郑和一笑:"你们不要紧张。我这里要造大船,将来要出去航海,宣扬国威,你们如果会航海,将来还大有用你们的地方呢！"

我这颗悬着的心，这才放了下来，道："我们的确跟元朝的朱清、张瑄的后代学过航海术，造船知识和星相学都略懂一些。"

"就是元朝大航海家朱清、张瑄吗？"郑和大为惊奇，"那可是元朝响当当的航海人物，没想到你们跟他们的后人之间还有一番奇遇。"

"说起来真是奇遇。"我便把渤海拜师以及如何成为俘虏流落南京的事，跟郑和讲了，"人生真是难以预料，我们原本是要航海到朝鲜贩人参的，谁料竟成了南京的阶下囚。"

郑和眉毛一扬，眼睛一亮："这也是一场大因缘哩，要不是这样，你们怎么能赶上即将开始的一场旷古绝今的大航海？"

我跟子满异口同声地问："真的吗？"

3

航海是巨大而繁复的工程，它的基础当然是船只，因此郑和组建船队的首要任务就是造船。在这段时间里，我们都是在长江边的巨大船坞里度过的，里面发生了许多令人叹

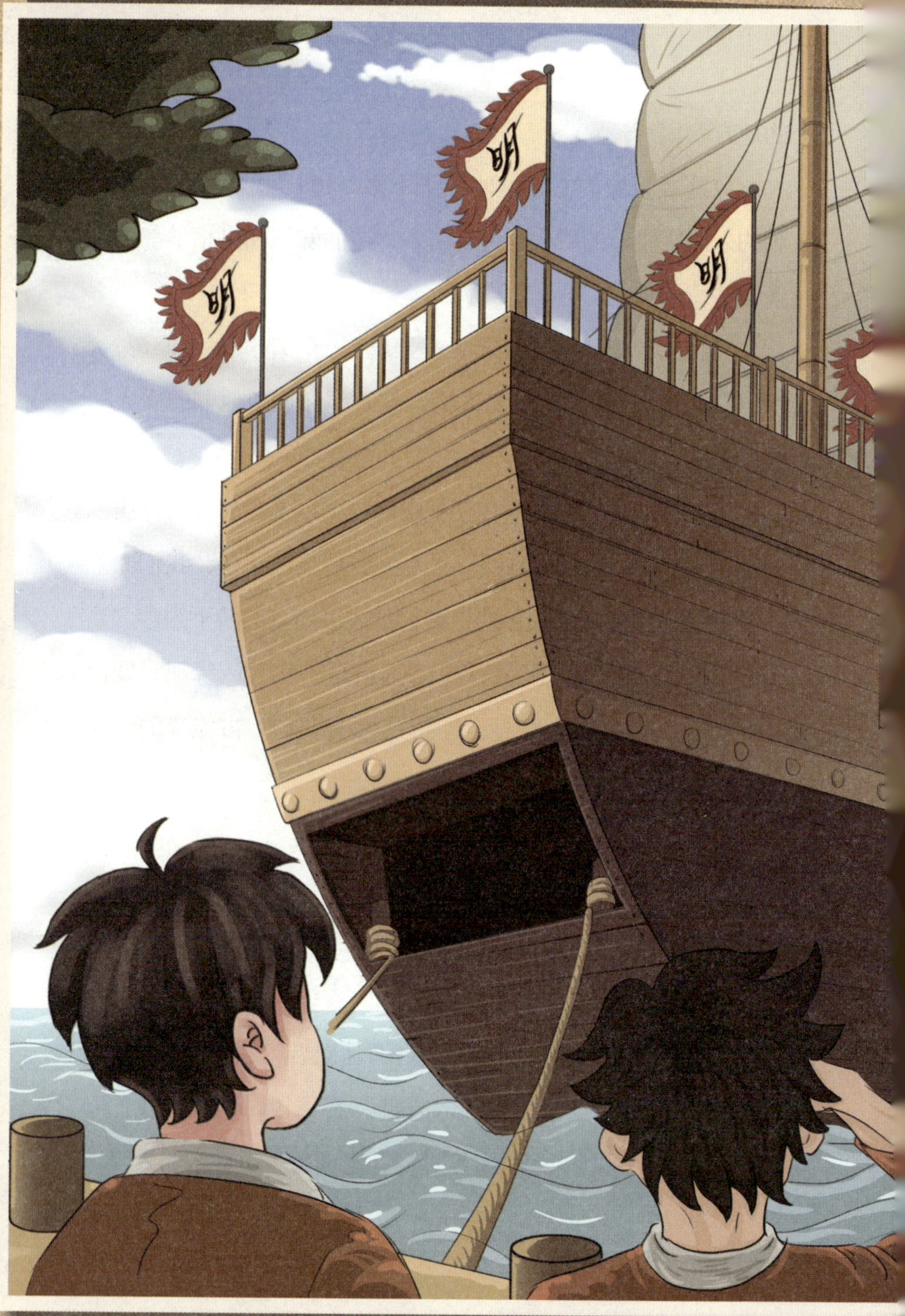
明
明
明

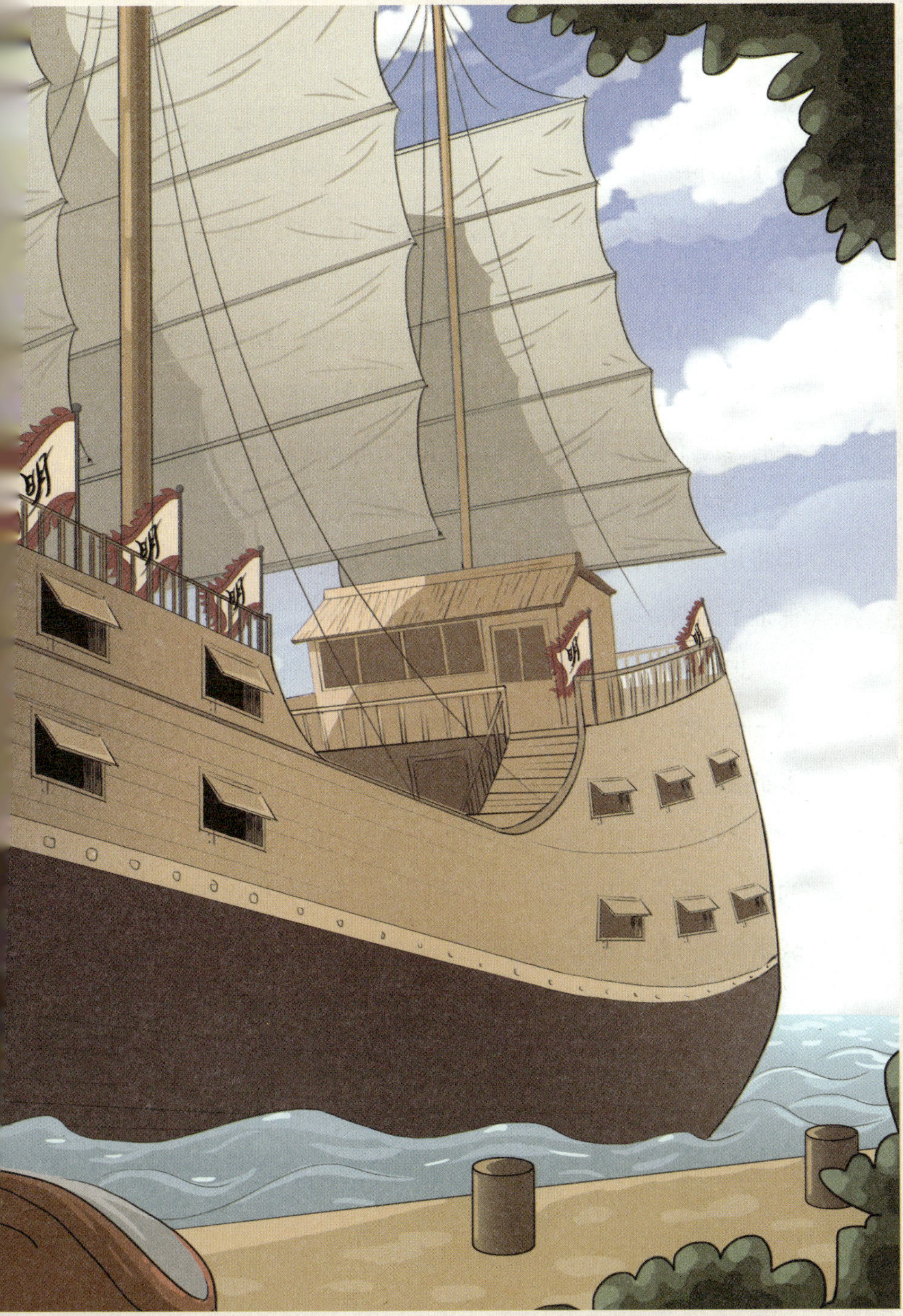
明

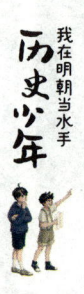

为观止的事情，让我印象最深的就是最大的宝船"大明号"下水的那一刻。

从我仅有的知识来看，大明号绝对是当时世界上绝无仅有的一艘巨舰。

船坞里所有为下西洋准备建造的船只，郑和都称其为"宝船"。宝船全部为木制，因此需要大量的木材。每天都会有源源不断的木料运进船坞，即使再恶劣的天气都没停止过。这些来自各地的木料很快就被用光，而每当一批木材即将用尽的时候，下一批刚好送到。如此持续高效的衔接，保证了工期。

现在我先说一说郑和为首次出使西洋而建造船只的数量——共计有200多艘，其中包括62艘巨型宝船，以及众多护航的小型战船、补给船和货船。

我们光看这些数字或许没什么感觉，但要是做一个比较的话，一定会给我们留下深刻的印象：当时整个欧洲的所有战船合在一起，也不过是郑和船队的一小部分！

我记得我老爸曾给我买过一本叫作《世界航海史》的书，里面的有些数字让我记忆犹新，尤其是其中有这样一段描述，总是在我心底泛起：在15世纪初，也就是欧洲掀起世界航海热潮的前夜，东方的大明帝国就组建了自己的航海船队，其航船的规模是随后航行世界的欧洲航队无法比拟的……

在世界航海史上，中国人有骄傲的资本，因为在欧洲人的大航海时代之前，中国就开始了伟大的航海征程。继南宋、元朝之后，大明又接过了航海大旗，引领世界的航向。

大明号建成之时，我正在屋子里整理牵星术的相关典籍，准备制作即将开始的航海所用的观星仪器——牵星板。子满气喘吁吁地闯进来，无比激动地告诉我："老哥，宝船造成了！"

我放下手中的工作，同样兴奋地望着子满。他极度亢奋，说道："你绝对想不到，这艘宝船的舵杆有多长？"

"多长啊？"我迫不及待地想知道答案。

"11.07米！"子满简直有点儿手舞足蹈了。

"乖乖！"我嘴里啧啧称赞，"有史以来，舵杆还没有超过3丈的，你们怎么就造了11米多的舵杆？"

"光说有啥用？"子满拉起我的手，"赶紧到现场亲眼见证一下！"

到了船坞，我顿时被眼前的庞然大物征服了。我目测了一下，宝船大约有60米宽、147米长，上下共分为4层，每一层都雕梁画栋，装饰精良。其中既有接待外国使者的

郑和宝船

　　郑和宝船是郑和船队中最大的海船，是郑和船队中的主体，也是郑和率领的海上特混舰队的旗舰，它在郑和船队中的地位相当于现代海军中的旗舰、主力舰。

　　据《明史·郑和传》《瀛涯胜览》记载，郑和航海宝船最大的长44丈（约146.66米），宽18丈（约60米），是当时世界上最大的木帆船。船有4层，船上九桅可挂12张帆，锚重有几千斤，要动用二三百人才能起航。

　　现有考古发现的南京宝船厂遗址。

明宝船舵杆

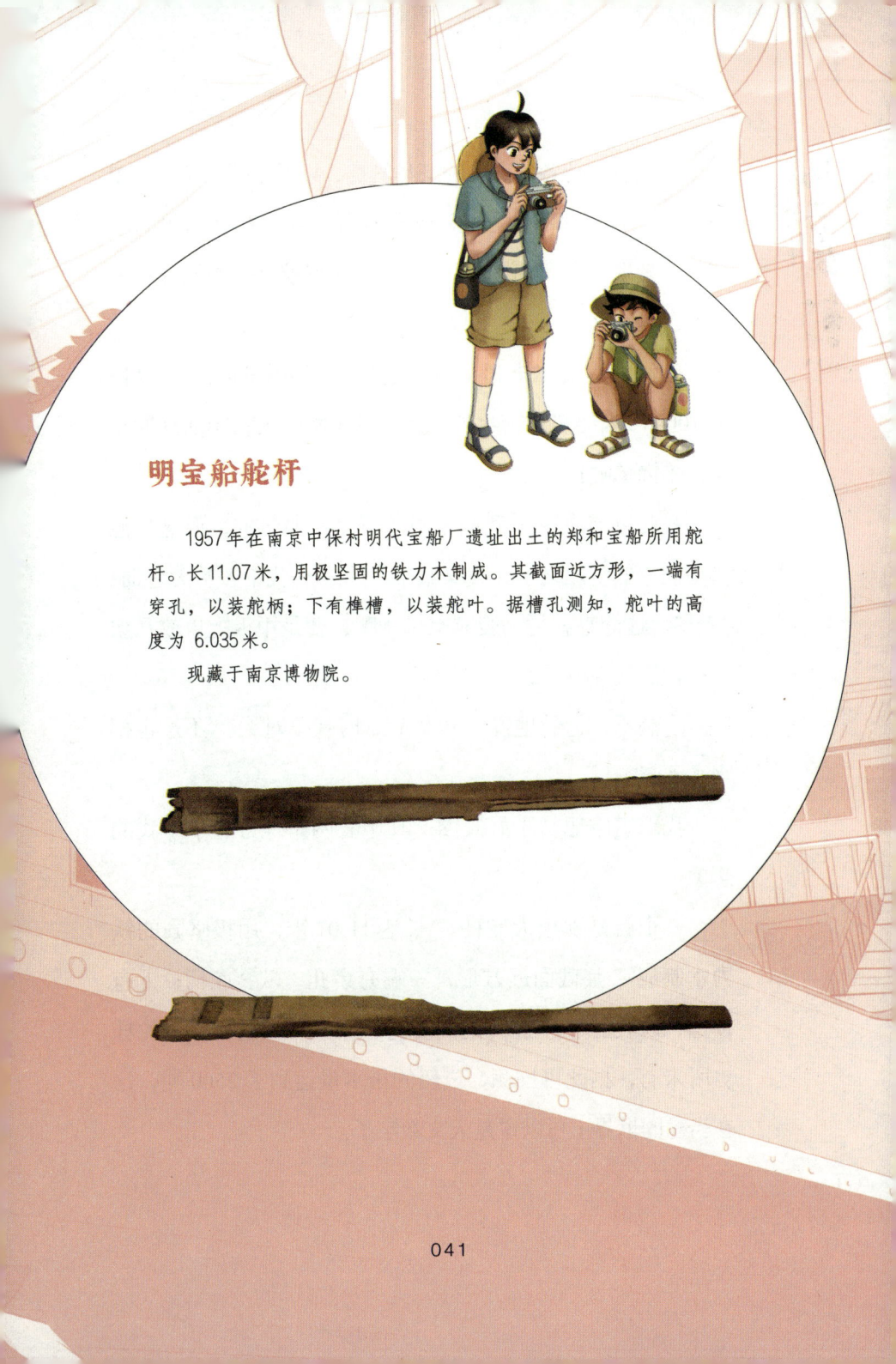

1957年在南京中保村明代宝船厂遗址出土的郑和宝船所用舵杆。长11.07米，用极坚固的铁力木制成。其截面近方形，一端有穿孔，以装舵柄；下有榫槽，以装舵叶。据槽孔测知，舵叶的高度为 6.035 米。

现藏于南京博物院。

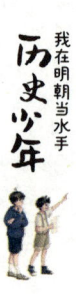

大厅，也有接待各国商人的豪华套房，以及水手居住的简单单间。套房里带有独立的浴室和厕所，专门为随行的官员、使节、船队的管理者所用。大明号简直就是一艘漂浮在海上的巨大社区。

子满告诉我："老哥，可不是吹，这艘宝船除了可以搭乘1000多名船员和士兵外，还有满足数百人自由活动的空间，不简单吧！"

我频频点头——我向来对子满是不服气的，但这次他参与制造的宝船终于让我叹服了一回——我不吝赞美之词："老弟，这简直就是一艘航空母舰啊，要是甲板上再放几架飞机，那就宇宙无敌了！"

子满不无遗憾地说："可惜啊，时代不对头。不过也相当了不起了！"

我围着宝船转了好几圈，其中有两个地方超乎了我的想象。

一个就是那根大舵杆。长达11.07米，用极坚固的铁力木制成。其截面近方形，一端有穿孔，以装舵柄；下有榫槽，以装舵叶。舵叶的高度为6.035米。这种巨型舵杆史所未有，据此可推测，宝船的排水量达到了2500吨，这在当时的世界上可以说是天文数字了。

据我所知，大约同期的葡萄牙航海家达·伽马所用的航船排水量只有区区 300 吨，哥伦布环游世界发现美洲的旗舰也才 280 吨。如果将它们跟郑和的宝船放在一起对比，简直犹如蚁丘见泰山。

抛却这些不说，宝船还有创新的地方。如此巨大的宝船行驶在大海上，这在明朝以前是没有经验可循的，经验的匮乏要求在船只的建造上要保证安全。于是聪明的造船队采用了舱壁式的舱体结构，以防止船只漏水下沉。

舱壁结构是将船体分割成若干间不透水的密闭舱室，帆船腹部的一些部分是彼此完全分隔的，每个舱室都只能从甲板进入。舱壁结构可以防止帆船因灌水而下沉，同时能使船体更加稳固。

子满望着我充满惊奇的双眼，说道："老哥，你可别少见多怪，舱壁结构不过是参考了竹子的内部结构而建造的，竹节之间完全隔离的状态就是舱壁结构的灵感来源。这正是'万物皆自然'也！"

"少来！"我嗔怪道，不过这小子近来确实灵光了不少。我告诉他："这项技术，现在已成了造船行业必备的技术，中国比西方至少早了 500 年呢！"

"500 年！多么值得骄傲的一件事！"子满道。

我又被船帆吸引了。大明号配有多达9根船桅,按照大明规制,船帆由红绸制成,以竹制的横梁加固。船桅设计得非常精巧,可以任意旋转,既能使船帆灵活地捕捉到风,又可以增大受风面积。

　　船帆也做了改进。传统的船只以横帆为主,大都呈梯形或直角三角形。宝船则在横帆的基础上,装备了纵帆。纵帆沿着桅杆的纵轴安装,不需要等待顺风,逆风中也能实现斜向航行。

　　看不完的宝船,说不尽的赞美之词。我们哥儿俩往宝船跟前一站,简直就如同高山下的两只蝼蚁,不过我们心中的喜悦和自豪却超越了高山。尤其是子满,宝船浸透了他的汗水!

第 4 章
奉旨出航

①

宝船陆续下水，出海的团队也相继组织到位。

船队中，除了专业航海的水手、船长和舵手外，还有朝廷委派的提督、官员、使节、典礼官和负责记录航行历史的编年史官，以及五行八作的人员，诸如农民、木匠、裁缝、厨师、修帆工、制绳工等，还有几种特殊的工种，比如说上知天文下知地理的阴阳师和风水师、

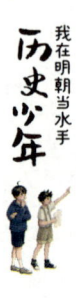

治病救人的药师、考察和学习西洋动植物的博物家、通晓西洋诸般语言的翻译家、绘制海图的画家……除了这些专业人士外,还有近两万名训练有素的士兵。他们分散在各船只上,随时都能组织战斗。

船队里,除了上述人员乘坐的宝船外,还有相当数量的补给船。它们负责航海必需的饮用水和食物的补给,使船队几个月,甚至是十几个月,能够无忧无虑地在大海上航行。这些补给船上饲养着牛羊,种植着谷物、蔬菜等食物,甚至连富含维生素C的豆芽都有培育,可谓是麻雀虽小,五脏俱全。

为什么要培育豆芽呢?

我的恩师朱继清、张又瑄告诉过我,大海航行中最怕得上一种病——坏血病。这是一种非常可怕的远洋航行疾病,通常在海上航行两个月后暴发,会出现牙龈出血、牙齿脱落、发热腹泻等症状,而其致病的根源就是严重缺乏维生素C,时间长了,还会出现肌肉萎缩、心力衰竭等状况,严重时威胁人的性命。

在航海史上,欧洲船队长期受到坏血病的困扰而束手无策。直到18世纪,英国的海员才总结出某类食物可以防治坏血病的经验,而中国早在宋元时期,就知道利用豆芽来预防坏血病的暴发。

大明的船队除了人员众多外，还随船装满了各种大明的特产，如织锦、彩纹丝球、印花棉布、青花瓷、贵金属、铁器、漆器、水银、伞、草药等，作为外交馈赠的礼品，或者用来进行外贸交易，以交换到访之地的特产。

这一点让人明显地感觉到，中国的船队不是为了侵占和掠夺而出海的，而是为了和平与贸易，以及扩大影响力。这与比此稍晚些时候的葡萄牙、西班牙及英国的航海者有明显不同。

我们的船只装备精良，士兵身着铠甲，配备有射程较远的弓箭，此外宝船上还配有火炮和投掷器，用来发射炮弹。

当由60多艘风帆高举的庞然大物率领着百余艘中小型帆船组成的超大船队，出现在任何一个国家的海岸线上时，带给那个国家的震撼可想而知。

一切准备就绪了，我们迫切地想要出海。可是圣旨却迟迟未下。正赶上七月，南京闷热的天气让我们想要出海的心情更加迫切。

正在烦闷欲死的时候，突然有官兵兴冲冲地跑到船坞里来，一边跑着，一边高喊："圣旨下来了！圣旨下来了！"

有人突然问了一句："定的什么时候起锚？"

那人回道:"七月十一!"

我跟子满屈指一算,今天正是七月初九,离起锚还有两天,当时顿觉一股清风吹来,全身从里到外别提多清爽了。消息很快传遍了整个船坞,所有人都感到无比的兴奋和喜悦。

老天也跟着凑热闹,甩下几道霹雳,打了一记响雷,刮过几阵凉飙,忽然之间下起了瓢泼大雨。趁着雨势,船坞开始开闸灌水。

到了晚间,郑和从宫里回来,安排人对船队做最后一次巡检。所有船只的准备状况都检查完了,直到四更天他才拖着疲惫的身躯睡去。

2

七月初十的清晨,万道霞光笼罩船坞。雨后空气中充满着清爽芬芳的气息,活泼跳跃的鸟雀在树枝上叽喳吵闹,更加衬托出清晨江边的静谧。

所有出海的人员按照团队属性被组织到宽敞的广场上,郑和要开明早起锚出发的动员讲话。

郑和的心情虽然跟我们一样十分亢奋,可他表现得面如平湖，不动声色。

他用高亢的语调说道："大家都已经知道了，我们的船队奉圣旨，明天就要起锚出发！我被圣上委任为出使船队的总督，以后要跟大家一起同甘共苦，乘风破浪！我也不想多啰唆，只想把圣旨的意思跟大家传达一下。第一个，我们为什么要出海？这个问题很重要，因为老话讲，名不正则言不顺，言不顺则事不成。干什么事都要正当、正确。圣上的意思，我们的船队是为了和平、正义和贸易而出海的，不是到西洋去打家劫舍的，那些行为跟我们大明的身份极其不符。你们有的人或许知道些航海的历史，远古的事情且不说，我们就从三国时候说起，在那个时期，吴国就开始开辟航道，历经隋唐，到了宋元，一条'海上贸易之路'蔚然成型，成为继陆地丝绸之路后，又一伟大的创举。元明更迭以来，航运事业受到影响，几近于无。我大明立基之后，洪武爷致力于恢复民力，永乐大帝则志在开辟疆土。这里的疆土既包括陆地上的疆域，也包括海疆！我们此次出海，圣上希望我们不但要恢复海上贸易之路的荣耀，还要把大明的国威传播出去，让五洲四海都知道我大明的强大和富庶！"

全场掌声雷动，大家深受鼓舞。

郑和接着说道："航海不是儿戏，尤其讲究团队协作，你们每一个人对于航队来讲都非常重要，我希望在未来的航海岁月里，咱们能够上下一心，共同努力，为达使命，不畏牺牲！"

大家纷纷振臂高喊："为达使命，不畏牺牲！为达使命，不畏牺牲！"

最后，郑和说："在大海上，我们最好都是以小组的名义活动，任何决策和行动都要讨论和报备，不可擅自行动！散会后，我会把具体分组以及各组所在宝船等具体事宜安排专人传达！"

会后，我和子满很快接到通知单。名单上除了我跟子满外，还有三个人，一个叫马乐，一个叫童药师，一个叫洪保。我们五个人组成一个小组，被分配在"洪"字号宝船的"洪"字舱。

未时，我跟子满到"洪"字号宝船报到。我们先是找到舱室，发现另外两个人已经先我们而到。其中一个人年纪略比郑和小些，但跟郑和一样是宦官，而且还操着跟郑和一样的口音，是个中等个子，白净面皮，沉稳有度；另外一个是个书生，一袭青色长袍，面如玉璧，年纪也就20多岁，比我们略大些。

见我们到了，那个宦官迎过来，道："两位一定是子六和子满了，早就听总督提起过，造船术和牵星术俱佳，经历也极为不凡，失敬失敬！小可名叫洪保，是云南人。"

我跟子满赶紧道："失敬！失敬！"

另外一个人站起来道："久仰贤昆仲的大名，相见恨晚。在下马乐，一介书生。听说在造船的过程中，你们出力甚多，在下不胜钦服。"

我们忙道："岂敢，岂敢！"

正说着，一个中年汉子进来，朝我们四个望了一圈，说道："都是些毛孩子，估计都是刚断奶吧！"

马乐笑道："船队里不以年齿论大小，这位大叔感情也是咱们组的？"

汉子道："洪字宝船洪字舱！某家童药师，乃是医生。"

大家见过礼，就听童药师道："看来宝船的舷号是按《千字文》排列的，天地玄黄，宇宙洪荒，咱们这艘宝船地位可不低啊。"

洪保道："确实如此，在下不但是洪字舱的组长，还是'洪'字号宝船的船长。"

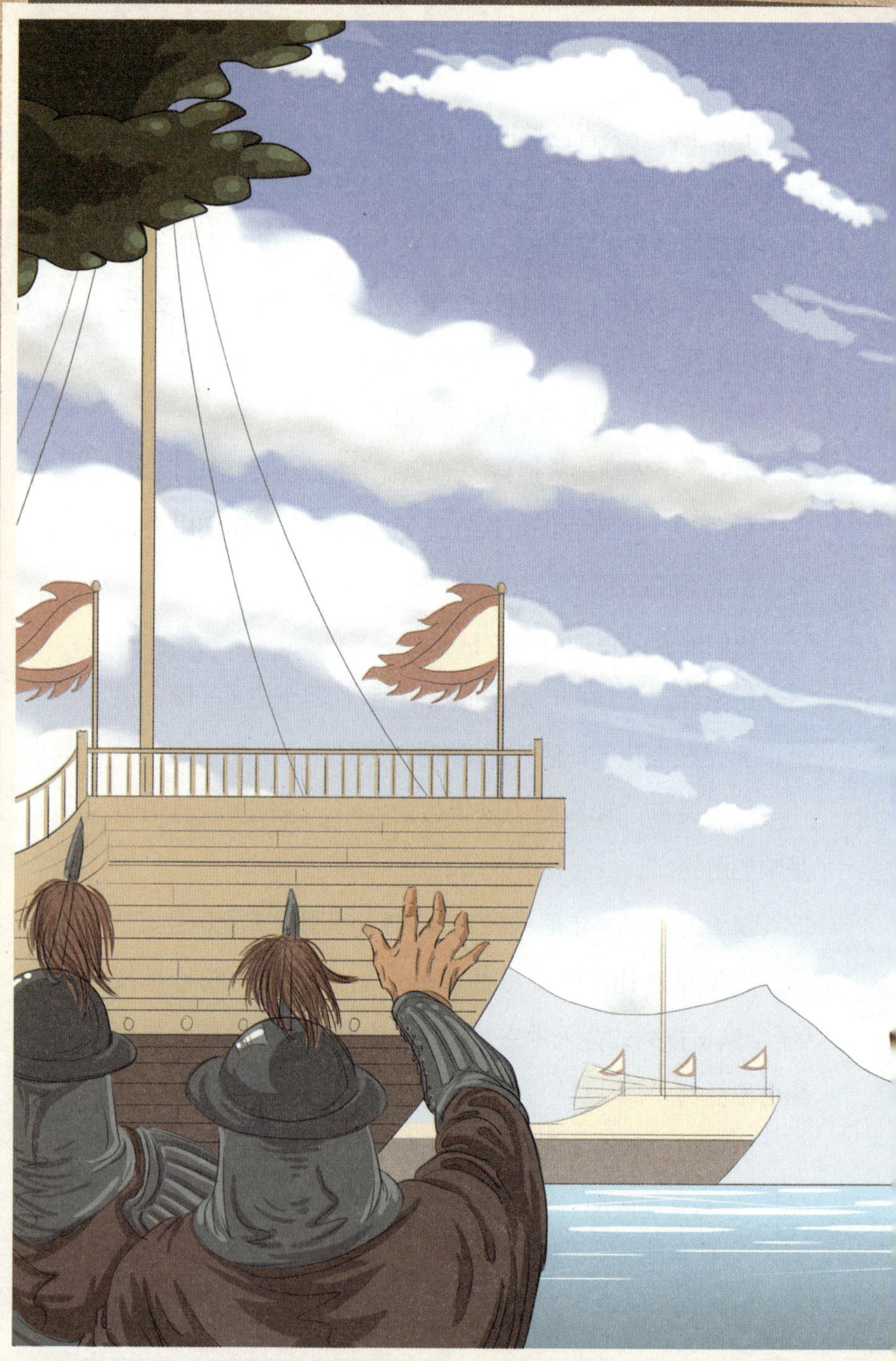

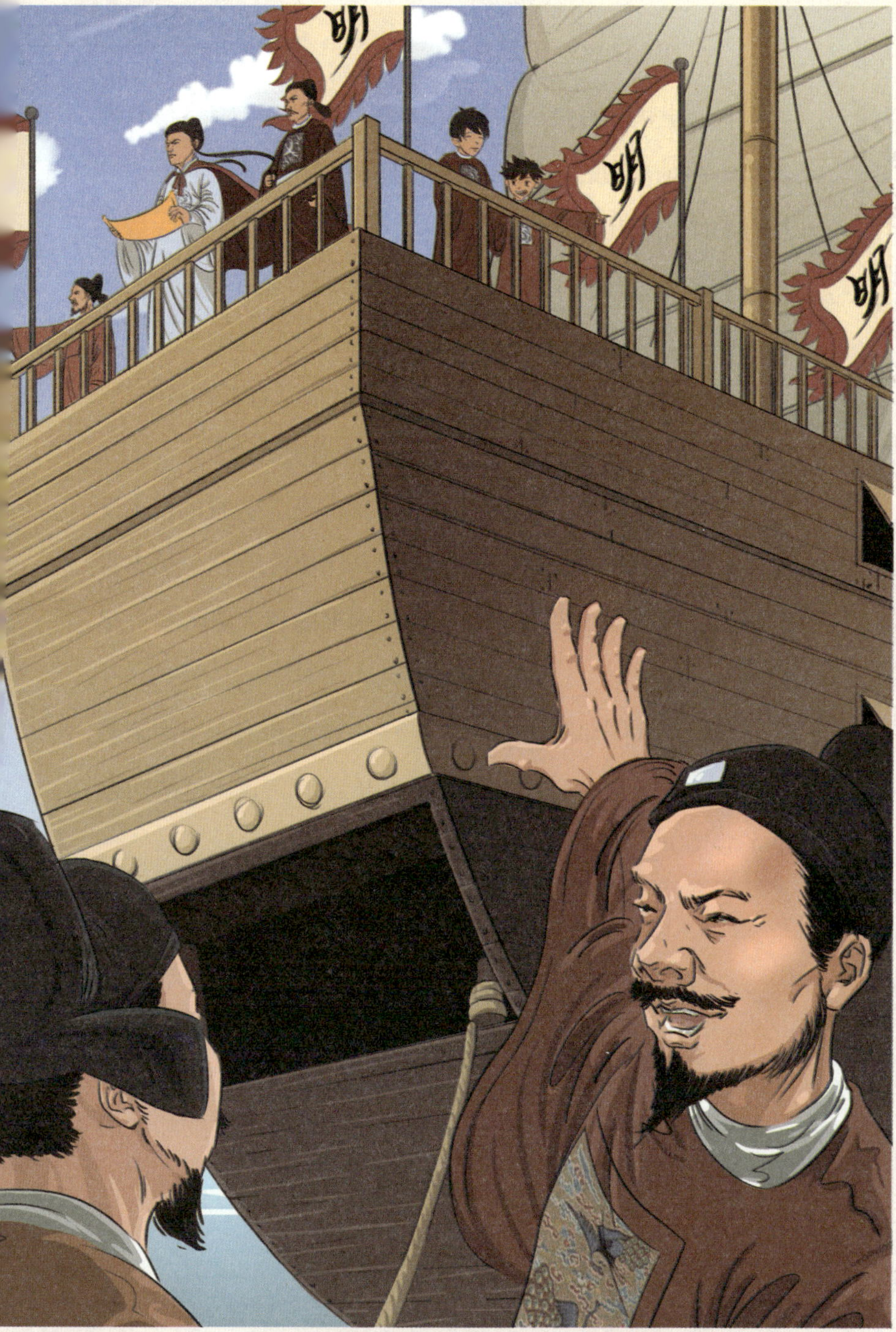
明
明
明

我心里顿时明白，整个船队的基层组长，包括各级管理人员，都是郑和的心腹。这也在情理之中。这样也好，一旦有了什么情况，能够直达郑和，少了很多麻烦。

大家都熟识了，也不必拘礼，各自把行李安排妥当，当晚就进入出海状态。

翌日清晨，东方刚泛起一点儿鱼肚白，就听钟声响起，然后哨声呼啸一片，接着整个船队灯火通明。

信号打过以后，船坞闸门大开，满载着最先进的技术设备、最强大的武器、最精良的士兵、最卓越的团队、最丰富的物产、最贵重的礼物、最骄傲的国书的伟大船队扬帆起航了！

要记住大明船队出发的地方——刘家港。一个闪耀着无数传奇的大航海时代以此为起点开启了。这比整个西方早了数百年。

3

为了等候东北季风，大明船队并没有直接驶入大海，而是航行至福建的太平港进行休整，主要是补给食物和饮用水，以及进行士兵的日常科目训练。

谁知这一等就是5个月，漫长的150多天，把我们都要憋坏了。风信来了，大家都恨不得马上出海。可是命令传下，后天才起锚，明天要隆重祭祀天妃娘娘。

天妃娘娘就是后世所说的妈祖，是沿海地区家家供奉的神祇。太平港有一座大天妃庙，里面供奉着妈祖和海神娘娘，郑和为了祈求出海平安和达成目的，特意率领船队和当地官员前往祭祀。

祭祀场面非常隆重。除了寻常的祭礼外，郑和还把出海的宝船模型供奉起来，然后让人找来一块巨大的石碑。他嘱咐当地官员道："这块石碑可要保存好，别看现在上面是空的，将来航海成了，我要把航海的事记录在上边，就立在天妃庙的大殿前，也算我的一点儿功劳！"

当时也在祭祀的队伍里的我忽然想起来，以前老爸曾带我到福建省博物馆参观，然后顺便到海边溜达去，我记得清清楚楚，有一块石碑，碑额上用篆文写着"天妃灵应之记"，现在看来，就是郑和所立之碑。此碑记载了郑和几次下西洋的经历，十分宝贵，被当地人称为"郑和碑"。

那个时候我就觉得郑和是个了不起的人物。没想到如今我竟然阴差阳错地要跟他一起去航海，我不由得感叹，命运真是难以捉摸！

《天妃灵应之记》碑

碑以黑色页岩为料，高1.62米，宽0.78米，厚0.16米，为郑和在明宣德六年（1431）第七次下西洋前所立。碑文记述明永乐三年至宣德六年（1405—1431）间，郑和奉使统率远洋船队百余艘，以先进的航海技术七次下西洋的经历。现藏于福州市长乐区南山郑和史迹陈列馆。

船队在妈祖的保佑和当地老百姓的祝福下，顺利出海。偌大一个船队，大小船只200多艘的规模，到了海上竟然不如一片风波。近海还好些，举目可以眺望渐行渐远的地平线。驶入远海之后，地平线消失了，眼里被一望无垠的大海充满，偶尔可能变动一下颜色的，就是月亮逐渐变圆时所发出的孤独的光辉。

我们的心情异常激动，每天看着朝阳从东边的海平线上升起来，夕阳从西边的海平线上落下去，朝晖和落霞充满了变幻无穷的色彩，让我们无限流连。还有就是天空如幻似梦的云朵，时而浮现，时而躲藏，缓解了我们的寂寥。

很快我们就适应了海上生活。宝船航行得十分平稳，有时候也会遇到狂风暴雨，但我们总有所准备。总之，最初的航行并没有出现当初在渤海湾学艺时朱继清、张又瑄两位恩师所描述的那样充满凶险和刺激的情况。

我总是这样对子满说："或许危险还在路上……"这同样也是说给自己听的。

马乐很平静，无论天气阴晴，他总是抱着本书。上面写满了奇奇怪怪的文字。他用一种无人听懂的发声和腔调说个不停。

子满揶揄他道："马大翻译，你这满嘴的天书，谁能听

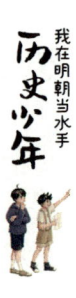

懂啊？"

马乐一笑："到了能懂的人面前就有人听得懂了！"

童药师因为年纪比我们都大，被我们视为老大哥。他举止沉稳，学识渊博，说的话很能让我们信服。没事儿的时候，他就鼓捣草药，视若珍宝。他还说："将来远离故土，水土不服，一刻也离不开这些草药，能救命哩！"

洪保不苟言笑，每天除了处理公务，几乎不怎么说话。他十分信任我们，虽然彼此交流很少，但感觉得出来，他只不过碍于级别和他特殊的身份而不便过于随和。

据我所知，他不但是郑和的心腹，而且还承担了郑和交给他的秘密任务。这些任务都是出使目的之外的，但也十分重要。因此跟他在一个小组，我们几个人肩上的担子自然也要比别的组重一些，因为不言而喻，这些秘密任务不是单独交给洪保去完成的，我们四个人也义不容辞。

童药师是个能工巧匠，他用随船携带的油布做了一柄大伞，比普通的伞要大好几倍，伞柄又粗又长，可以支起来立在甲板上。当白天太阳发威的时候，我们可以舒舒服服地坐在油伞下边，呷一口去暑的凉茶。洪保还带了梅子酒，放在冰桶里浸了，喝上一口，冰爽至极。

原来，由于在大海上航行容易起疫病，因此每只宝船上都预备了冰块，放在大小不等的冰桶里，既可以降温消暑，又可以用作"冰箱"，储存食物和酒水。

到了晚上，海风吹拂，满天星斗。我学了牵星术，对满天星相了如指掌。子满也非常感兴趣，非缠着我，让我教他认识星宿。我正好大肆显摆一番："那是苍龙七宿，你看那颗亮星，就是角宿，我们平时所说的二月二龙抬头，是什么龙抬头啊？就是苍龙抬头，角宿上扬，跃出了地平面，在这里当然是海平面啦……"

这些天文知识说得子满一愣一愣的，用那种无比崇拜的目光看着我，让我心里老带劲儿了。

就在我们的双脚已忘怀在大地站立之感许久之时，一片陆地跟随东方磅礴跃出海平面的朝阳一同闯入我们的眼帘。

第 5 章
夜遇尸蛮

①

后来，马乐的族弟马欢在他的笔记《瀛涯胜览》中写道："在广东海南大海之南，自福建福川府长乐县五虎门开船往西南行，好风十日可到……西南百里到王居之城，番名曰占城。"

眼前这片大陆，冠以他们王所居住的城池的名字，叫作占城国。

我们靠岸登陆,终于再次体会到脚踏坚实大地的感觉。子满咧着嘴笑道:"还是大地好,踩上去踏实,不用担心摔倒,船上就不一样了,往左走要顾虑着右边,往右走得考虑到左边,总感觉脚底下不安生,童老爹你说是不是?"

童药师瞥了他一眼:"你算是好的,听说黄字号宝船的一个船员差点没把肠子吐出来!"

子满一伸舌头,做了个鬼脸。

洪保道:"大家都放松放松吧,海上生活并非人们想象的那么浪漫,苦楚着实不少。"

往前行来到一处热闹集市,子满见到处都是新鲜玩意,忍不住跑过去大逛一番。我不放心追了过去。就见集市上来往行人都聚到一处商铺前。商铺的墙壁上贴着一张告示,却不是用纸写成的,而是用小黑山羊皮,用小棒槌槌薄了,折成几折,就跟中国给皇帝上书的折子似的,然后用白粉在上面写字。

子满问道:"马大翻译呢,赶紧给我们翻译翻译啊。"

马乐歪着脑袋看了一会儿,道:"奇怪,奇怪,真奇怪。这是一份圣旨,说是这里的王快要过生日了,要用人的胆汁沐浴,而且是青年人的,到了现在这个时候,胆汁却还没凑够,让各地到年龄的青年赶紧进献胆汁呢!"

"胆汁?"我们都瞪大了眼睛,"要这玩意干嘛?"

童药师道:"在中医里,猪胆汁倒是可以灌肠通便,这国王要人的胆汁做什么?况且从活人身上取胆汁,那得多疼啊!"

马乐也觉得十分蹊跷,便在人群中找了一位老者,询问详情。

老者浑身皮肤黝黑,头上戴着茭薴叶做成的帽子,上身穿着黄色的秃袖短衫,下身围着紫色的大手巾板,赤着双脚。老者一看我们的装束,并不是本国人,倒吃惊不小。

马乐就问告示上说的是咋回事。

老者道:"这是我们这里的传统,到了国王生日的时候,年满十五岁的青年都要贡献自身的胆汁。这已经延续几百年了。"

这几句话说得我们右腹部顿感隐隐作痛。

马乐用俚语问道:"这是为什么啊?"

老者掀起短衫,让我们看了看他右腹部的几处疤痕,缓缓道:"我年轻的时候就给国王献过,现在年纪大了,胆汁不中用了。据说,当初老国王立国的时候,得了一场大病,差点死掉,不知道从海外什么地方来了一位名医,告诉他一个仙方,说是用青年人的胆汁沐浴可以救他不死。于是举国上下的青年人不顾自身疼痛,为老王贡献胆汁。老王投桃报李,大施仁政,不与百姓们为难。奇怪的是,为了活命,老王每年都要进行一次胆汁浴,为此也害了不少年轻人。后来老国王死了,新任的国王也效仿老国王的做法,年年都要举行胆汁浴。于是就留下了传统。如今国内的青年人少了,胆汁自然难取足……"

"荒唐!"童药师不等老者说完,怒不可遏地说。

子满道:"老国王迫不得已,情有可原,这些继任者怎么也如此残酷无情?"

我拍了拍老弟的肩头:"你哪里知道,这叫权位遗传。在占城国,洗胆汁浴已经成为王权的象征,无论是谁继任为王,都要延续下去的。"

洪保咬牙道:"如此惨无人道,与禽兽何异!不行,咱

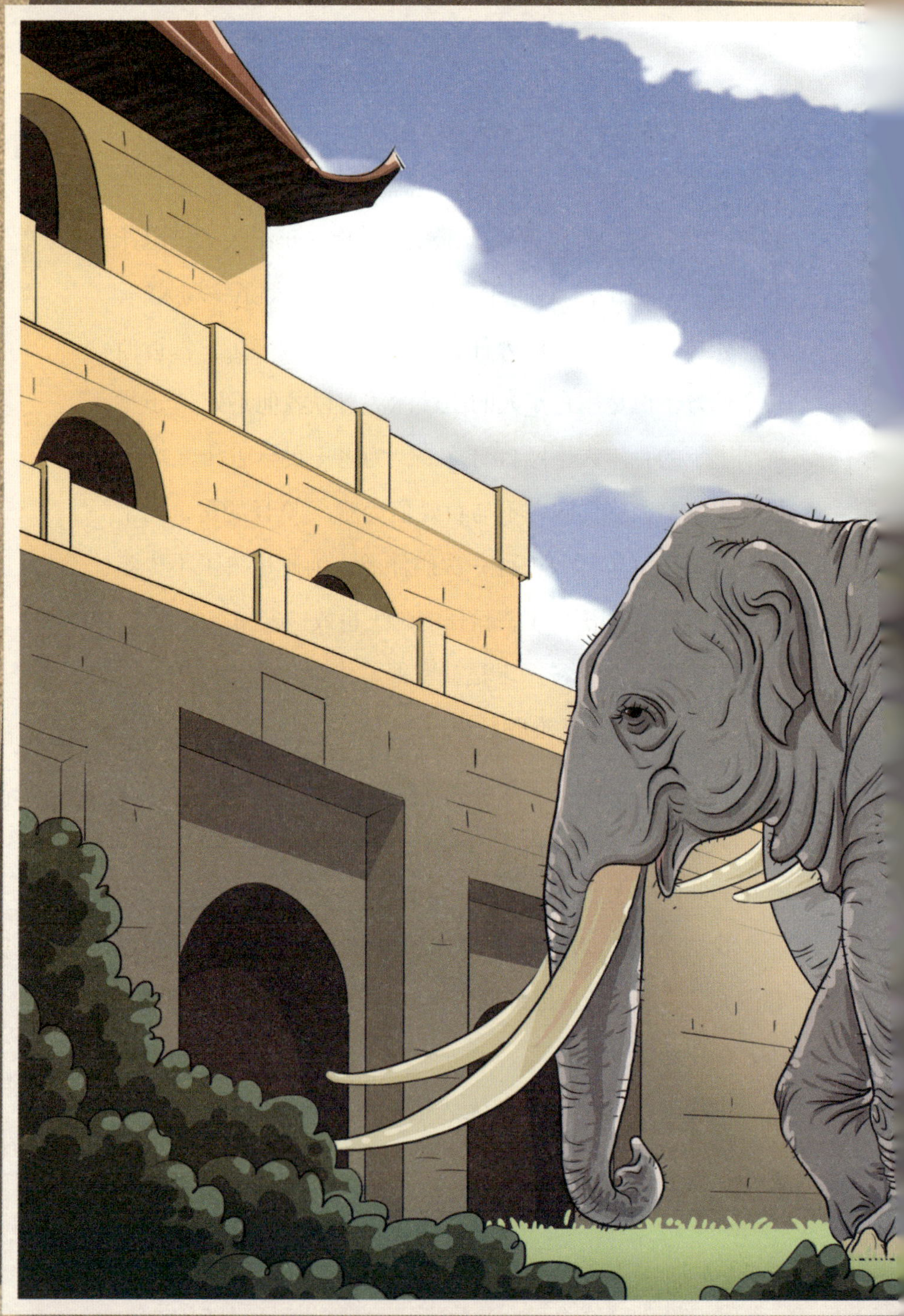

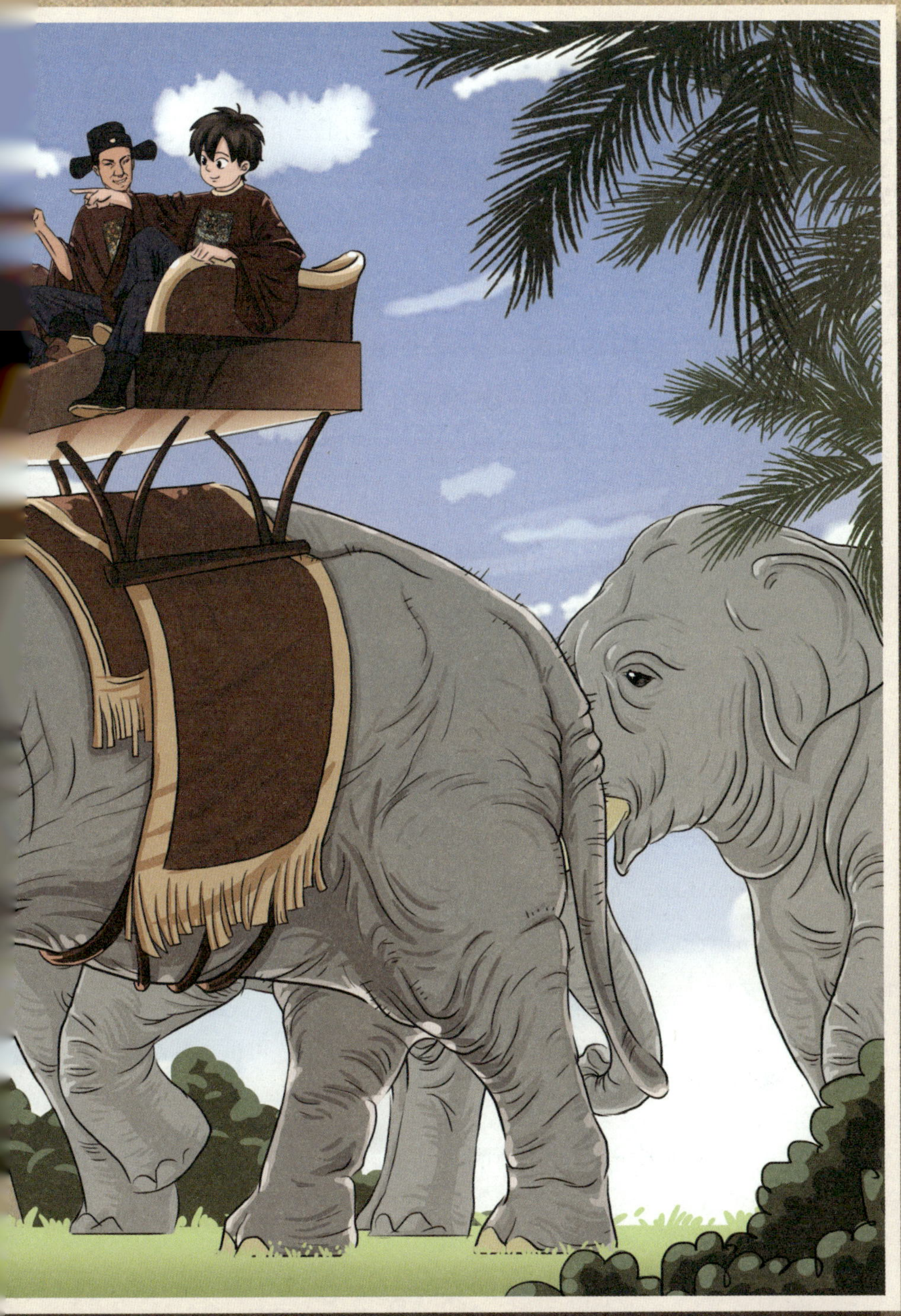

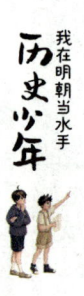

们得想个办法改变一下他们的传统，纠正一下权位遗传。"

2

我们一行往占城去，可靠步行那得何时能到啊，一打听集市上有出租大象的，我们便雇了几头大象，作为我们的坐骑。

我跟子满还是第一次骑大象。坐在上面，原以为会很颠簸，没想到倒是出奇的平稳，大象的脾气温和，走起路来稳稳当当，而且速度还特别快，让我的耳畔生凉。

子满隔空喊道："老哥，这可比骑马舒服多了，要是有床铺盖就好了，铺在象背上，凉风一起，别提多爽了。"

"老弟，要是晚上更好了，我们可以躺在象背上看星星。"我陷入幻想，脑子里呈现出一幅浪漫图景，"我们也不用担心迷路，大象的记性可好了。咱们中国有句成语，叫老马识途。不过，老马识途的本领跟大象比起来可就逊色多了！"

马乐突然起幺蛾子，尝试着站在象背上，可试了几次都不行。

子满揶揄道："行不行啊，马大翻译？看我的，给你打个样！"他说着，便一纵，身子便轻飘飘如棉絮一般立在了象背上。象背如山，象骨如岗，赶上路况恶劣，动荡起伏的程度很大，可子满驾驭自如，稳如泰山。

我禁不住道："不愧是公孙大娘的弟子！漂亮！"刚说完就意识到说多了，赶紧闭嘴。

因为大象的速度快，搅动的风声大，我说的话并没人在意，只有马乐听到些，一脸异样的表情，问道："什么大娘，你想你大娘了？你是你大娘养大的？"

我连连摇头，指着前方："占城到了！"

好大一座城池，巨石砌成，卫兵林立。城门高耸，悬挂着旗帜。上面的文字我们也不认得。守卫看见几个异国模样的人，赶紧下来讯问。洪保把大明的文牒给他们看了，马乐又叽里呱啦地说了一阵，守卫便放行。

进了城，大街上车水"象龙"，有的人可能会问，不是车水马龙吗，怎么成了象龙？没办法啊，这个地方马不吃香，大象才是硬通货。达官贵人出入都乘象，看了人家所乘的象车，再看看我们的坐骑，简直寒酸至极。真是没有对比就没有伤害。人家的大象上头架起装饰精美的木质阁楼，上面罩着五彩的顶子，顶子四周围缀满飘着香气的流苏，顶子和座子之间用木杆支撑，一走一颤的，既舒服又凉爽。

联想到我们快被颠散架的屁股，我们对占城大街上这些装饰豪华的象车充满了嫉妒。

我们找了一家馆驿住下，准备第二天觐见国王。没想到晚上却发生了一件怪事，再次让我们大惊失色。

也是我们水土不服，晚上睡得不大踏实，到了天微微放亮的时候，我就醒了。就听到馆驿大堂里一阵嘈杂，传来一片惊恐之声。有人用充满恐惧和惊慌无措的声音喊道："尸头蛮来了！"

我赶紧推了推小满，其他人也醒了。我们下楼，发现大堂里聚集了好多人，手里都拿着火把。这些人围住一个人。这个人一脸惊惧，又是汗又是泪又是喘，正在那儿诉说经历。

只听他说："到了后半夜，我坏了肚子，跑到院子里拉稀。当时月明星稀，万籁俱寂。我迷迷糊糊中看见一个东西从我头顶飞过，登时吓我一激灵。我睡意全无，顺着方向看去。吓死我也！原来是个戴面具的人，长长的头发披散着，在空中飞呢。空气里还有一股子恶臭味，比我拉的稀还臭。当时我被吓得三魂出窍七魄离体，赶紧奔回屋。我的刚七个月的孩儿也被吓得啼哭不止，都把脸哭紫了！我那可怜的妻子抱着孩儿也不住地哭。就这么一家子人哭到天亮……"

有个年高德劭的老者道:"确是尸头蛮无疑了!这尸头蛮原是一老巫婆,瞎了双眼,专门以吓唬小孩为乐!真是可恨!"

有人问道:"尸头蛮的故事我们都听说过,可我活了这么一大把年纪也没遇到过,怎么如今便又出现了呢?"

老者道:"是啊,老朽一生也只是听说,并未亲见,昨晚发生的故事就像做梦一样,据说已经有十几家的孩子着了道!"

大家七嘴八舌地议论开,有的哭,有的骂,有的唉声叹气,有的吓破胆子,有的求神佛保佑。

我忽然有一种冲动,要捉住这个尸头蛮,帮帮占城的小孩子们。

3

当天光大亮的时候,馆驿的门口贴上了皇家榜文:悬赏制服尸头蛮者,赏黄金万两,城池两座!

我跟洪保说:"洪大哥,并非我多事。咱们跟随郑总督出使西洋,为的是和平交流,增进信任。如今占城小孩受到惊吓,啼哭不止,正是我等增进两国感情的关键时机,我想帮他们铲除尸头蛮,不知你意下如何?"

洪保一笑:"子六果然一身正气,你所想正是我所想,我现在就派人通报郑总督,想来他也是支持我们的,救救这些孩子,比给他们多少金银财宝还强呢。只不过,如何铲除尸头蛮,倒是一件难事!"

我建议道:"现在分头行动。你跟马大翻译揭了榜文,进宫觐见他国国王,说替他国铲除尸头蛮,但不要什么万两黄金,两座城池,只要求他废除胆汁之浴;我跟子满,还有童大叔,设计擒住尸头蛮。"

计议定了,洪宝和马乐径奔王宫而去。我跟子满,还有童药师,研究捉拿尸头蛮的方法。憋了大半天,才想出来一条妙计。

到了晚上,整个占城都不敢掌灯。我们早寻了一家居民，让他们搬出，我们暂住进去，布置下擒拿尸头蛮的现场。

童药师给我们每个人制作了一副头套，厉害的是，这副头套还能把鼻子遮住，就跟现代的防毒面具似的。子满又跑了好几家市场，把市场上能够买得到的镜子全部买来，然后挂在屋里的顶上和墙壁上。

很快，我跟童大叔布下了天罗地网，只要尸头蛮敢来，管教她有来无回。

到了夜半三更，远方的夜空霹雳闪动，可占城却异常闷热，我们就像一屉被闷在锅里的包子，空气就像凝固了一样，没有一丝风。

我们潜伏在幽暗的角落里，屏住呼吸。浑身上下湿透，如同经历了一场暴雨。等了好久，尸头蛮也不出现。

子满垂头丧气："这老怪物不会不来了吧，我辛辛苦苦买了那么多面镜子，她要不来也太可惜了。"

童药师笑道："别担心，多等一会儿那些镜子也不会破碎，保证不会影响效果！不过，还得麻烦子满一下，找些布把那些镜子都遮盖起来！"

子满答应着，嘴里却嘀咕："搞来搞去，要是老怪物不来了，才叫白忙呢！"

我有点顶不住了："再不来我就中暑了，这可真难挨！"

正说着，忽然起了一阵阴风，紧接着屋里的灯就被打灭了。我们打起精神，果然发现尸头蛮飘飘忽忽进来，飞着在屋里转悠。

我冲着隐藏在床底下的子满打了一声呼哨——占城国一年四季皆是夏天，为了防止蚊虫，床铺都是悬空的。

子满接到信号，猛一下子把床掀翻，用手里的扫把狠狠向尸头蛮敲去。

尸头蛮一惊，赶紧向旁边一飘，躲过了扫把。岂料子满是学过舞剑器的，把那扫把舞得如同剑雨一般，密不透风。好家伙，尸头蛮左右不敢招架，只有躲闪的份，饶是这样，头发也被削下来不少。尸头蛮发出嗷嗷可怕的吼声，觅得一面墙上有扇半开的窗子，就想夺路而逃。

"子满，撕布！"童大叔突然喊了一嗓子。

子满会意，甩开膀子，一团剑光，非常迅速地把盖在镜子上的那些布扯下来。

这时候童大叔点起火烛。烛光洒满屋子，映在镜子上。一屋子的镜子折射出强烈的光芒，像万道金针舌象尸头蛮。

尸头蛮眼睛刺痛彻骨,她用手捂着,不遑多想,射箭一般朝窗子冲过去。

只听"啪哒"一声,窗子被撞开,尸头蛮一跃而出,自觉侥幸逃出生天,正想得意一番,忽然又撞到一个柔软却又无法冲破的东西上。

童大叔喊了一声:"子六,得手了!"

我俩赶紧把手里的绳子一拖——事先布置好的渔网顿时收紧,把个尸头蛮缚了个紧紧实实!

尸头蛮束手被擒,我们用渔网将她捆了个密不透风,刚要审问她,没想到她到先开口了:"赶紧放了我,要不然让你们好看!"

子满质问道:"老巫婆,你有什么好看的给我们看?快说!"

老巫婆冷笑道:"海盗王不会放过你们的,我可是他的人!"

我们全都瞪大了眼睛:"海盗王!?"

第 6 章
独臂飞贼

①

元末明初，中国战乱频仍，无论是节节败退的元朝还是志在夺取天下的明朝都无力经营海上，因此在我国东南沿海到东南亚的海面上，海盗横行，根本不把各地政府放在眼里。

明朝建立后，朱元璋为了打击海盗和倭寇，采取了海禁政策。明朝政府颁布命令：片板不许出海，寸货不许入番。这种一刀切的做法，虽然有效地避免了海盗和倭寇的滋扰，但也使得沿海的渔民失去了生计，不免出现作奸犯科的现象，有的甚至作为海盗的内应，把祸水引向内陆。

为此，朱元璋实施了更加严厉的海禁政策，凡沿海人民有私自入海者，格杀勿论。但结果适得其反，那些失去了活路的渔民干脆举家逃向海外，成了职业海盗，四处抢掠。

且说广东潮州有一家陈姓渔民，因为海禁政策失去了生活依靠，不得已逃到海上为盗。后来，这家人的主人死了，他的长子陈祖义不得不迁回内陆。不想官府纠查过紧，要将他投入监狱。无奈之下，他再次携带家口逃到海上，发誓要让官府付出代价。

陈祖义勇武狡猾，从小便在海上长大，跟随他的父亲出没于风波之中，练就了一身的航海本领。再次回到海上后，他不再辗转逃窜，而是有策略有计划地展开劫掠活动，不久就积累下可观的资本，组建了他的海盗船队。

为了能控制更广阔水域，他把大本营迁往马六甲海域一带。之后，他盘踞马六甲海域十余年，不仅抢夺了巨额财

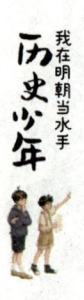

富，还豢养了超过一万人的海盗大军。更为厉害的是，他依靠智谋和狡诈窃据旧港（今苏门答腊岛巨港一带），成为旧港国王。

从被明朝政府驱逐的罪犯到在马六甲海域叱咤风云的海盗头子，陈祖义的"成功"之路并不平凡。现在他虽然贵为一国之主，可是每每想起明朝政府对他的缉拿，心中就会燃起怒火，报仇的心思像巫师的咒语一样笼罩着他的心。

他动不动就派出数量可观的船队到明朝沿海骚扰，明朝官府对他既恨之入骨又无计可施。朱棣甚至愿出750万两白银的巨额悬赏捉拿他。而当时明政府一年的财政收入也不过1100万两。几乎是倾全国大半之力来捉拿一个海盗，足见陈祖义在海上的影响。

朱棣派遣郑和下西洋，宣扬国威，促进贸易。陈祖义咬牙切齿，多次表示要让"明朝的船队颜面扫地"，要使"明朝的海外贸易成为泡影"，要把"明朝的船只赶出马六甲"，要逼"郑和滚回南京"……无论如何，他也要报当年的被逐之仇。

他在海上的恶劣行径不仅惹恼了明朝，也给马六甲海域周边的国家带来无穷的灾难。

有一个叫三佛齐的国家，原来也是个古国。洪武末年，

古老的三佛齐王朝覆亡。当时旅居旧港的广东人梁道明建立了新三佛齐王朝，被称为梁道明王。梁道明王后来被明朝招安，回到广东老家颐养天年，把王位传给了另外一个华人施进卿。

施进卿非常具有商业头脑，他依靠马六甲海上要道的天然地位，跟各国展开贸易，很快使得新三佛齐成为东南亚最为富庶的国家。

在海上，一个国家越为富庶，越容易被海盗盯上。新三佛齐很快成为旧港陈祖义眼中的一块肥肉，他派出海盗船队四下滋扰，使得来往新三佛齐贸易的国际船只蒙受巨大的损失，渐渐地没有国家和海商敢到新三佛齐进行贸易，导致新三佛齐的繁盛景象如昙花一现。

于是，当郑和的庞大船队从福建沿海出发的时候，施进卿就对大明的宝船寄予了厚望，希望郑和能够帮他肃清海盗，使新三佛齐重现繁荣。

就在我们在占城活捉尸头蛮的时候，施进卿登上了郑和的宝船，倾倒苦水，并且商量如何剿灭陈祖义。

当时，我们行进在通往旧港的海路上，对尸头蛮进行严厉的审问，结果她实在挨不过，说出了许多关于海盗王的情报。

我们业已知道，陈祖义为了吞占占城，派遣尸头蛮前来捣乱，目的是破坏大明船队跟占城国的交好。

看起来，要是不铲除陈祖义这个海盗王，大明的船队很难安宁地在东南亚一带航行了。

2

马欢在他的笔记中这样描述海盗王：(陈祖义)为人甚是豪横，凡有经过客商船只，动辄便劫夺财物。

看来，他既是个贪婪的人，又是个亡命之徒。这种人最难对付了。

抵达旧港的时候，恐怖的氛围一下子镇住了我们。

从严格意义上来讲，旧港是个城邦国家，旧港城是这些沿海城邦的中心，一些武装到牙齿的城池星罗棋布，犬牙交错，互为支援。这些城邦的城墙都悬挂着海盗旗帜——一条张牙舞爪的黑龙，让人一看，顿生恐惧和厌恶。

大街上到处都是号叫声，那是一些被劫掠而来的人在遭受酷刑。有一个青年人，看装束是占城人，被绑在一根柱子上，暴晒之下眼看就要脱水而死。周围围着一群人，一边哄笑，一边用鞭子抽打那个人。

子满看了，十分气恼，攥紧了拳头想打抱不平。我赶紧拽住他，冲他使劲地摇了摇头。童大叔也暗示子满不可鲁莽行事。

我们找了家小酒馆坐下。幸亏我们并没有穿明朝的装束，而是根据尸头蛮的情报，搞了几身海盗服穿在身上，因此酒馆的人并没有起疑，为我们端来好酒好菜。

我们一边吃喝，一边听这里的人在讲些什么。

来这里喝酒的都是海洋大盗或城市飞贼，他们打家劫舍，抢劫船只，坏事做尽，空闲时便喜欢聚在酒馆里交换情报，恣意消遣。

只见一个只剩下一只胳膊的飞贼，用他的独臂端起一碗烈酒，一饮而尽，道："这次够海盗王喝一壶的了，听说郑和的船队有两百多艘船，将近三万多人的队伍，可不好惹！"

另一个独眼海盗扬起头，说道："怕什么！你们没听说吗，郑和是个太监，一个太监能有起多大本事？海盗王横行海上十余年，有勇有谋，还会怕一个太监不成？"

刀疤脸旁边的人一阵哄笑。

"独臂飞贼"不屑地道:"难道整个大明船队都是太监吗?听说能人多了去了,这次海盗王算碰上对手了!"

刀疤脸说:"你真是长他人威风,灭自家志气!告诉你,不怕你去传扬,这次对付郑和,海盗王用的可是先礼后兵的计策,旧港的使者已经到了郑和的船队,要求和呢,两家和平共处,共同繁荣,岂不更好?"

我跟童大叔对视了一眼,各自摇了摇头,都不相信陈祖义会谋求和平。

"独臂飞贼"道:"我看其心难测,恐怕这是为了拖延时间,难道海盗王还没准备好?"

一个用皮圈箍住一头乱发的海盗插话道:"恐怕是想稳住郑和,然后来个突然袭击,这不是海盗王惯用的手段嘛……"

酒馆里的人心照不宣地坏笑着。

我看并没有人注意我们,便压低了声音,跟童药师道:"童大叔,你且寻一艘快船回去,把海盗王的奸计告诉郑总督。我跟子满想办法深入虎穴,探听更多的情报!"

童药师摇头:"不行,要送信也得是你们,我比你们年长,怎么能让你们去冒险呢?"

我诚恳地道:"童大叔,现在不是争论的时候,您虽然比我们年纪大，可是您只懂药，而我跟子满都学过武艺，久走江湖，应敌方面比你要灵活许多。"

童药师一听也是这个理，便不再争辩，叮嘱道："你们兄弟一切小心，不可莽撞行事，郑总督一有指示，我立刻告知你们！"

童药师刚走，就有一队人马闯进酒馆，其中一个高个子，一脸刀疤，看样子是个海盗军官，厉声道："国王传下旨意，凡年龄在13岁以上者，都要编入海盗部队，进行战前训练！拒不听令者，格杀勿论！"

"独臂飞贼"道："'刀疤刘'，海盗王不是准备求和了吗？怎么还募兵啊？"

"刀疤刘"把嘴一撇，说道："你这穷鬼知道什么！海盗王跟谁和平共处过？从来都是你死我活？少废话，赶紧收拾收拾，用你剩下的一只胳膊给海盗王效力去！混球儿，可别惹我不耐烦！这里的人全都带走！"

子满本想说自己不够岁数的，不过看了看"刀疤刘"的那张脸，就忍住了。

在去陈祖义海盗营的路上，我们跟"独臂飞贼"已经混熟了。我们故意把身世说得颇为凄苦，尽量博得"独臂飞贼"的同情。没想到，他也是不得已才当海盗的，早想弃

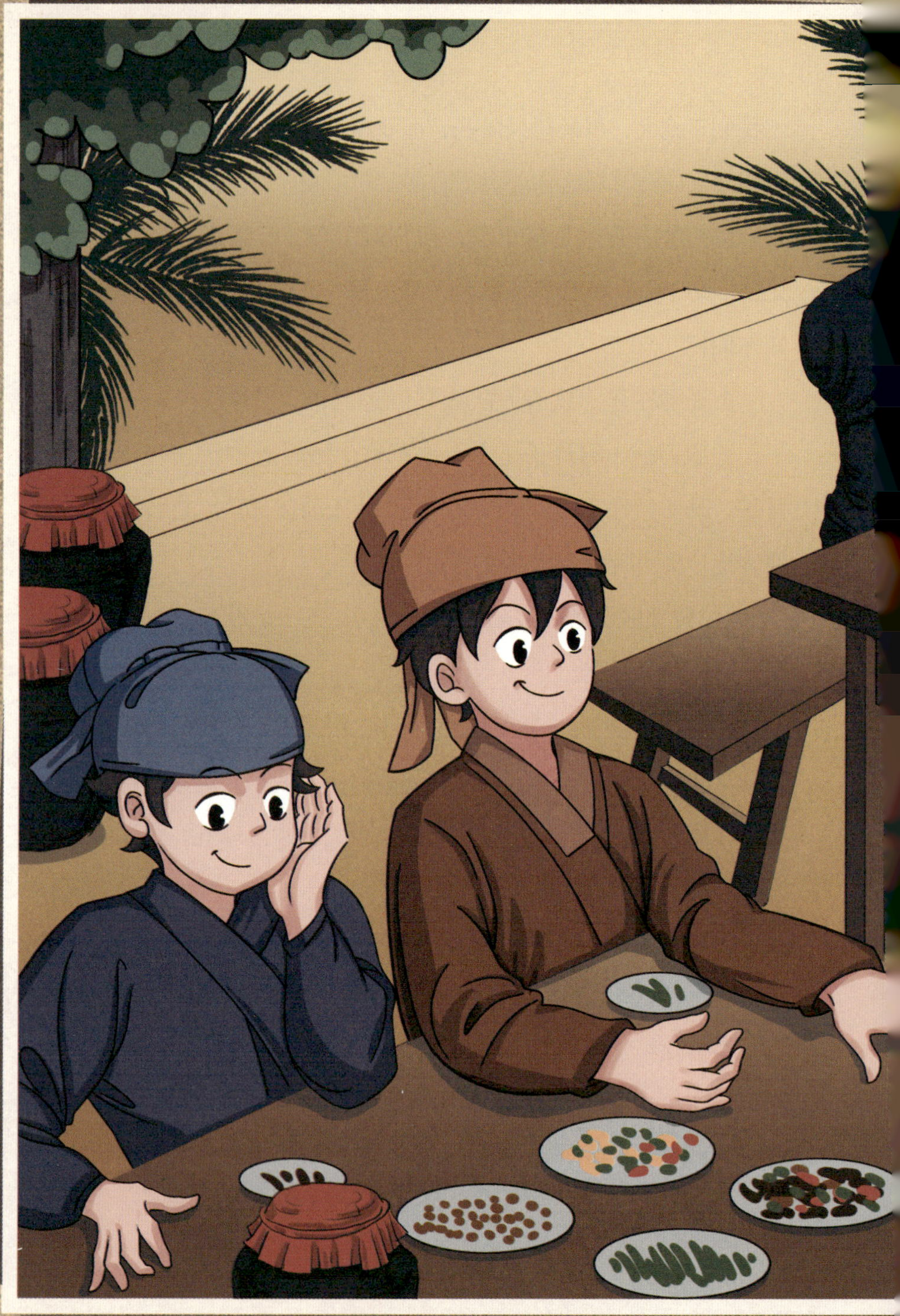

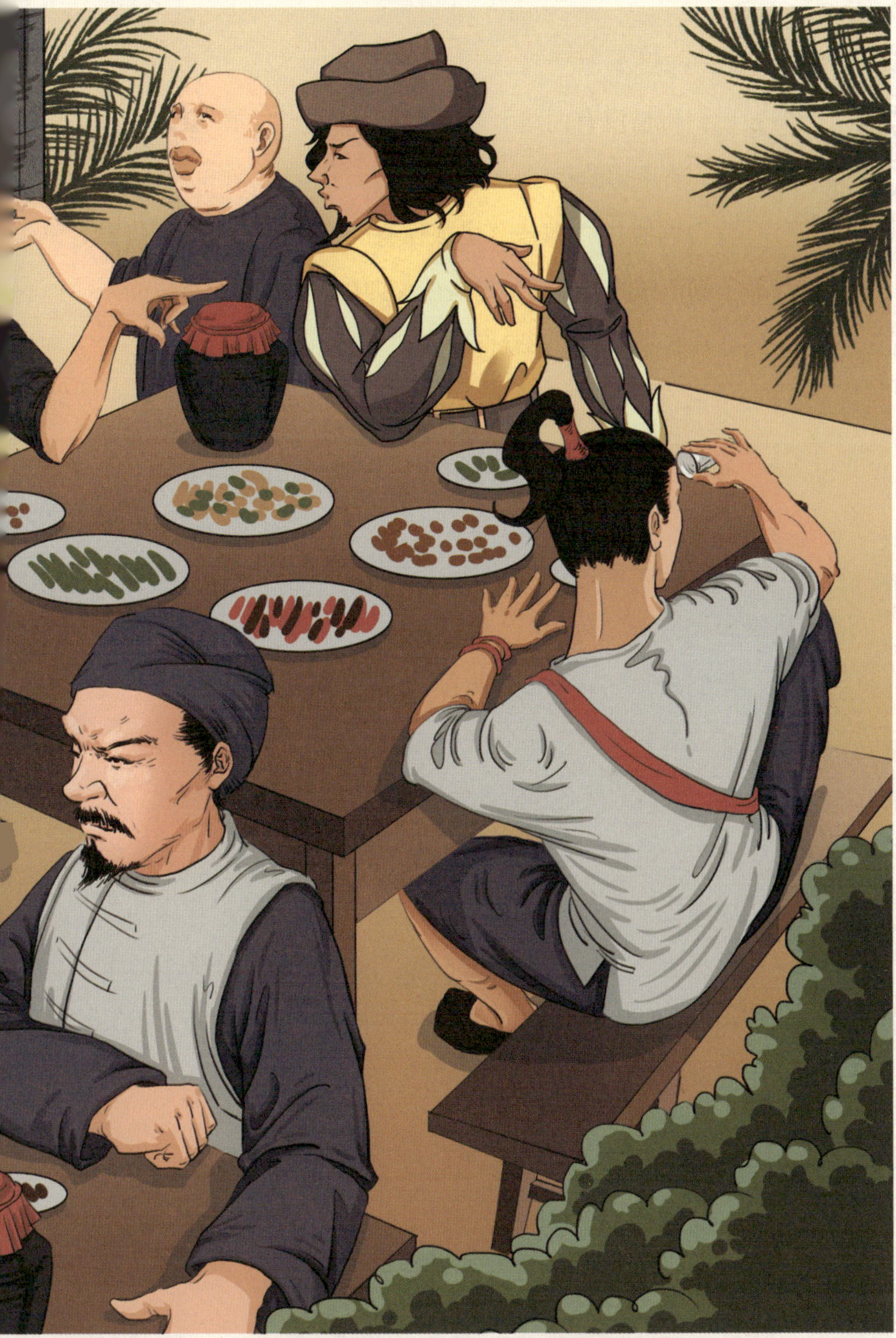

暗投明，可惜没有门路。我多次暗示他立功的机会，他心领神会，答应协助我们。

我告诉他："把海盗营里跟你有同样想法的、对海盗王怀有不满情绪的人，以及那些被关押在旧港海盗监狱里的无辜囚徒和各国俘虏等都联合起来！"

3

经过数日的努力，"独臂飞贼"的工作取得了很大的进展。

我们被分配到海盗船队第二大的"乌贼王"号上。这多亏了"独臂飞贼"在海盗中的好人缘。他虽然失去了一只胳膊，但他的威名和信誉使他获得了众多海盗的信赖。

其实，早在陈祖义来到旧港之前，"独臂飞贼"就率领着一股海盗纵横海上。他的大名令马六甲海峡沿岸城邦各国闻之丧胆。有一次他出海劫掠，救起当时正在海上流窜的陈祖义，使陈祖义得以在旧港的水域立足。后来陈祖义使用智谋，渐渐地取代了"独臂飞贼"的地位，成为新的海盗头子。"独臂飞贼"生性淡泊，只求自由快活，并不想当世人眼中的"海盗王"。于是，陈祖义毫无阻碍地成为新的海盗领袖，"独臂飞贼"则乐得成为一个不受拘束、受人尊敬的海盗侠。陈祖义不仅对"独臂飞贼"充满了敬意，而且允许他在自己的地盘上来去自由。"独臂飞贼"虽然不大赞同陈祖义的某些做法，但也不愿与之为敌，双方保持着既互不干涉又互相尊重的关系。

"独臂飞贼"平时靠给海盗王的船队打零工过活，收入颇丰，买得起旧港最贵的美酒。但他生性淡泊，最不愿意利用他跟海盗王这层特殊的关系去谋利或唬人，因此有时候他在人前故意表现出对海盗王的不屑，当有人在私底下对海盗王表示不满时，他为了照顾这个人的情绪，也往往会说一些不利于海盗王的话。不过不管怎么说，他在海盗王的队伍里很有威望，好多人都是曾在他手下干过的老海盗。

我们选中"独臂飞贼"作为我们对付海盗王的盟友，并非事先知道这些，而是看他在海盗群中落落寡合，又不愿意趋炎附势，一身侠气。进一步接触后，才知道他身上有这么多故事。我跟子满都庆幸结识了对的人，而且"独臂飞贼"的性格跟我们很契合，没过多久，我们彼此就颇为信赖了。

备战之暇，海盗们常靠在船舷边一处甲板上，啜几口烈酒，以驱走劳作的疲累，享受海风的舒服吹拂。我、子满、

"独臂飞贼",还有几个他过去的部下,常聚在一起闲聊。

其中有一个绰号叫"海贼"的老海盗,看起来岁数不小了,须发皆白,下巴上有一处深深的疤痕,一只眼戴着眼罩,仰脖喝了几口烈酒,然后往袖子上擦了擦嘴,道:"头儿,按照您的吩咐,我已经跟咱们过去那些老伙伴都讲好了,他们让我给您带话,只要您振臂一呼,这些老哥们儿义不容辞!"

"独臂飞贼"有些惭愧:"他们是不是觉得我是开玩笑?"

"海贼"道:"怎么可能?这些年咱们的人虽说都是江湖散人,可大家的心还在一处。陈祖义那个坏蛋表面上虽然不敢对咱们怎么样,可是背地里却早想把咱们给收拾了。"

一个外号叫作"小虎鲨"的年轻海盗,不过二十几岁的年纪,白净面皮,却杀气重重,义愤填膺地道:"'海贼'老爹说得没错。我爹'老虎鲨'原来管着数十只船,现在却无缘无故地被调走了,换了一个叫什么'鲛老八'的人,

我一打听，原来是陈祖义的亲信，他老婆同父异母的弟弟。这个人连海都没出过，真是岂有此理。"

"海贼"捋了捋胡子，道："你不说我倒忘了，近来咱们的人被换掉了一大批，头儿，看来陈祖义要对你动手了！"

"独臂飞贼"一笑："我又不是他的敌人，他对我动手做什么？况且我现在没了一只胳膊，不过是个废人，难道他还不放心？"

我提醒他道："你别忘了，在旧港的海盗队伍里，真正能够挑战他的，只有你。他本来就是夺走了你的部队，虽然后来有了更大的发展，但老人和骨干都是你的人。他怕你万一哪天不想当游侠了，又想当'海盗王'，那他岂不是要卷铺盖走人？"

"小虎鲨"对此话深表赞同："子六说的一点儿都没错，难怪陈祖义近来对咱们的人撤的撤、换的换、杀的杀、贬的贬。"

子满惊诧道："杀的杀？他还杀人？"

"独臂飞贼"无奈道："如果海盗不杀人才是怪事。前一阵子听说

'闹海龙'因为一点儿小事被砍头示众,我真是十分痛心。他可是我的好兄弟,当年跟我出生入死,创下一番家业。"

"海贼"叹了口气:"唉,杀他的理由也太牵强了,竟然说是偷船上的酒喝,犯了禁令。我就纳闷了,海盗船上的酒还用偷着喝吗?真是欲加之罪,何患无辞!"

"独臂飞贼"攥紧拳头,狠狠地击在船舷上:"多行不义必自毙!"

第 7 章

活捉海盗

①

一个月后，我给驻扎在占城的洪保送出了一份秘密情报。

幸亏我们随时都有训练有素的信鸽在附近待命，只要子满经过特殊处理的哨声响起，信鸽就会如约而至。我们把密信仔细绑在鸽腿上，然后子满哨声一发，信鸽就冲天而去。我在密信中写道：

洪组长台鉴：

经过严密策划和周密部署，策反一部分海盗的行动开展得十分顺利，尤其是跟原海盗头子"独臂飞贼"的结盟，将使我们的胜算大为增加。现将具体情况汇报如下。

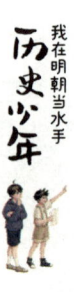

一、虽然"独臂飞贼"的老部下被海盗王陈祖义纷纷排斥出核心管理团队，甚至在中层也不再任用"独臂飞贼"的旧人，但广大的基层、一线的水手、一些非常重要的岗位，如动力组、桅帆组、绳子组、火炮组等，都被"独臂飞贼"的人把持着，这是能够左右战局的力量。

二、"独臂飞贼"本人已由原来的中立态度，变为向我方靠拢，他本不想再参与海上纷争了，但我跟子满苦口婆心相劝，晓之以利害，他表示愿意为大明效力。

三、我们给他开出的条件是：回到老家养老，结束漂泊生活，并给他一笔钱，以供他余生之所需；出钱帮他组建船队，允许他把旧部组织起来，为大明的海上丝绸之路贡献力量；他的旧部在海战结束之后，自主决定去留，不作任何干涉。

四、第三条是我跟子满擅自做出的允诺，现在只是口头协商，现呈报洪组长，望接信速呈郑总督亲览，以促成胜利备战之大局。

等待回信的过程异常难熬，简直是度日如年。过了两天才收到回信。

子满从信鸽腿上解下竹筒——一个只有食指大小的缩微信箱，我赶紧展开信纸观看。

子六大安：

　　信已接悉，四点鲜明，我火速呈览郑总督，一天便得回信，现将郑总督回书誊录于下。

　　一、子六的策反工作开展得很好，打入敌人内部，知己知彼，为我战胜陈祖义打下了牢固的基础。策反"独臂飞贼"很好。希望子六把工作继续深入，海战一打响，盼着你们立大功！

　　二、至于你对"独臂飞贼"开出的优厚条件，我觉得在可接受范围之内，只要他不再从事海盗生涯，我大明愿意与他和平共处，当然，他如果愿意为大明海运出力，我更欢迎。

　　三、陈祖义假意求和于我，甚至送来了礼物，我看不过是想拖延时间，可见目前他的备战不足，尚不敢与我开战，这可是难得的战机，因此，子六，你在保障自家兄弟安全的情况下，尽可能快地把人联络好、

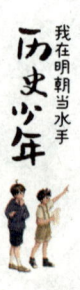

安插好，以便随时能战。

四、这一条要格外注意。陈祖义横行马六甲十余年，鱼肉周边国家，甚是厉害。我的意思是，一定要活捉陈祖义，把他押送京师，由咱们皇帝发落，以儆效尤，以震慑西洋群盗。

五、此信发出之日，就是宝船起锚之时。现在东北风正盛，估计不消几日就可抵达旧港外海域，依之前我们所训练的哨语、旗语、鸽语行事，保持情报通畅。

最后，祝一切顺利。你我相会之期，便是荡平海盗之时。

看罢，我跟子满深受鼓舞。郑和支持我们的行动，代表着承认我们所做的一切是大明的官方行动，我们的策反工作就更具说服力了。

2

就在我们做出紧密部署的同时，陈祖义也没闲着。他先是排除了海盗内部的异己力量，整个高层领导——各船队的队长，以及中层领导——各船的船长，全都换为自己的亲信，然后在旧港近海展开战前训练。

这些杀人不眨眼的强盗一改往日拖沓懒散的作风，每日里在毒日头下训练划船、投掷和近身搏斗，黝黑的皮肤上挂满了汗珠，到了晚上可以休息的时候，衣服上留下了一层盐卤，难受至极。可是没有人敢发出怨声，足见陈祖义能够成为马六甲一带的海盗王，靠的并非只是狡诈。

练兵的同时，外交攻防仍在继续。陈祖义把劫掠而来的财宝一船一船地送往郑和的船队，以换来开战时间的后延，因为他觉得自己还没准备好。他只有一百多艘，只是郑和船队的一半，他的海盗部队只有一万多人，也不过郑和所率将近三万人的一半。如此悬殊的实力对比，让他不敢贸然开战。他所设想的局面是，郑和被他的拖延之计瞒住，并对他所进献的珍宝迷惑，然后他发动突袭，将郑和船队一举歼灭。

可他的如意算盘哪能那么容易实现！

郑和掌握的情报远远超过了陈祖义。三佛齐的国王施进卿在郑和的宝船上已经把陈祖义的过往说得明明白白，何况还有马六甲岸上城邦的诸多国王或城主都被邀请到了宝船上。郑和从他们那里得知，陈祖义是个不可饶恕的海盗，在马六甲地区可以说是恶贯满盈，不诛不足以平四海之心，

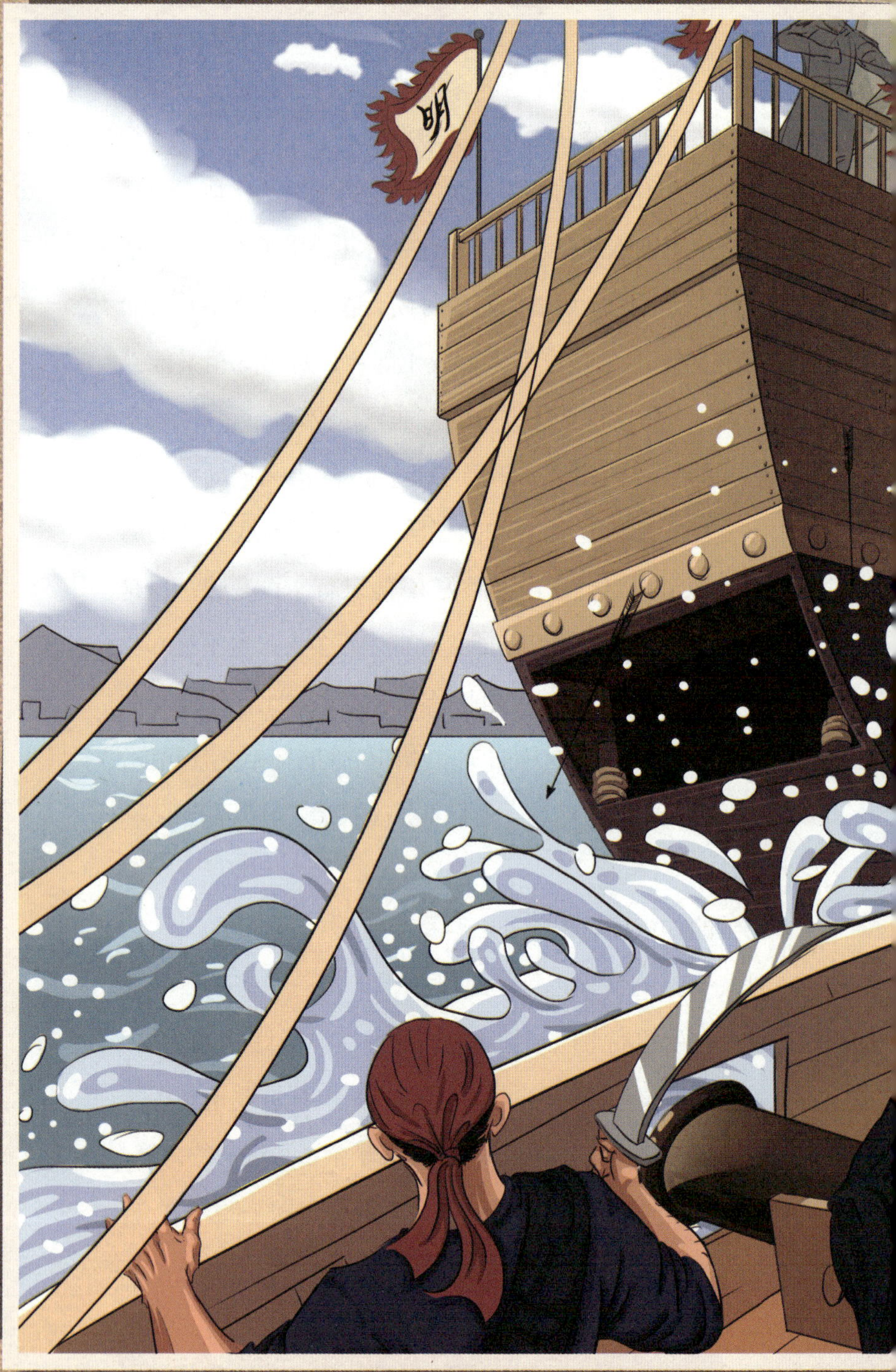
明

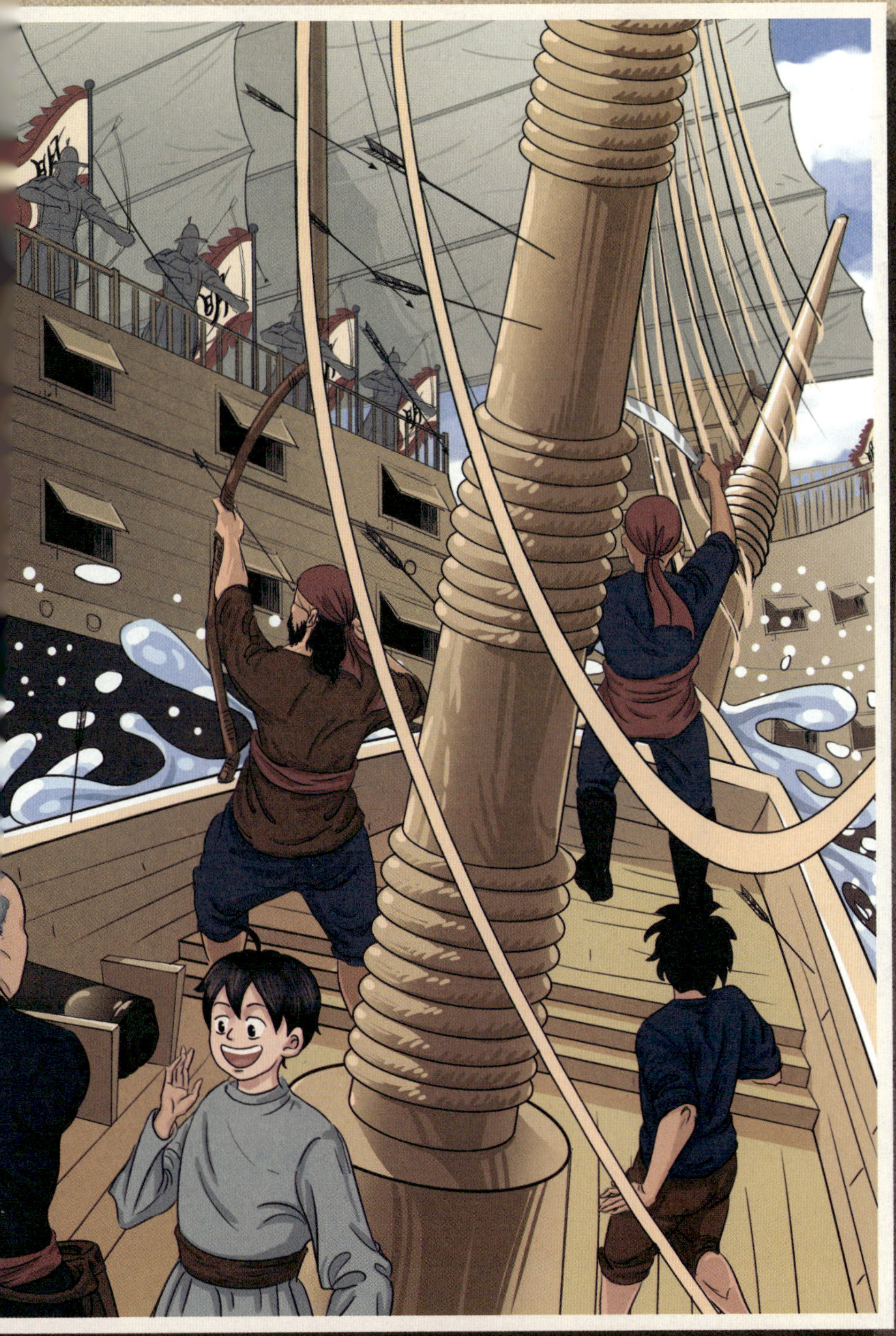
明

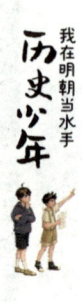

不杀不足以安五洲之众。

面对陈祖义进贡来的这些宝物，郑和露出了不屑的笑容，这些靠打家劫舍而来的赃物，正说明陈祖义的心虚和拖延开战的心理。因此，他必须迅速跟陈祖义开战，以免夜长梦多。

郑和此时此刻已胸有成竹，因为不但大明船队的实力远胜于海盗，关键还在于在海盗内部已经安插了他的得力干将。当下唯一的顾虑是，能否活捉陈祖义。

活捉海盗王的政治意义太大了。对大明来讲，这意味着大明的强大而不可侵犯，也代表着大明的船队是"荷天命"，而不是"讨不庭"，是从促进西洋各国的和平共处、平等贸易出发的。这是一支和平的船队，虽然有时候还要采取一些非常的手段。

郑和命令船队起锚，向旧港外海进发。很快，宝船在旧港开阔的外海摆开阵势。郑和是个令敌人惧怕的军事家，他选择的战场不见一处乱礁，平阔的海面绵延到天际，即使起了飓风狂澜，也无法对大明宝船这样的巨舰产生影响。相反，陈祖义那些可怜巴巴的小海盗船就很难说了。

海盗的探子把敌情报告给了陈祖义。

海盗王咆哮不已，大骂郑和收了他的礼物，还发来大兵。他在海盗面前声嘶力竭地呼喊："都看到了吧！这就是大明朝，嘴上一套，背后一套，吃赃物不抹嘴，吃人不吐骨头！我们不用怕他，郑和不过是大明皇帝的一个奴才，怎么懂得海战？让我们的快艇杀出去，痛痛快快打一仗！"

一场规模巨大的海战就这么打响了。

郑和的宝船船体庞大而且高耸，周围装备有精钢护甲，非常利于开展冲角战和接舷战，弱点是机动性弱。好比是非洲草原上的一头雄狮，虽然威武勇猛，但被一群鬣狗追逐纠缠的时候，勇猛也会变为焦躁，王者也会丧失威仪。好在船长们训练有素、颇知兵法，他们知道如何摆脱鬣狗的纠缠，并迅速发动反击。

火攻开始了，明朝的士兵把事先准备好的油桶用投掷器掷向海盗船，然后射出了带有火舌的利箭，顿时海盗船上烈火飞扬。

大明船队的哨声响起来了——这是郑和为了航海而独创的哨语，只有大明船队才听得懂。很快，一种犀利尖锐的哨音在大海广阔的水面上传递开来，哨音借着水声，传递得更加响亮和迅捷，那天是个无风的天气，因此子满很快就捕捉到哨音的含义。

他扭头告诉"独臂飞贼"："独臂大哥，可以让兄弟们行动了!"

早已被安插在各海盗船只的"独臂飞贼"的人纷纷掉转手中的武器,趁着火势向陈祖义的人发起了进攻。于是在一片火海中,陈祖义的人不是被火烧死,就是跳海淹死。

陈祖义像落败的狮子一样发出怒吼。

3

陈祖义一看大势已去,在大骂郑和的同时,不遗余力地寻找逃命的机会。但眼前一片火光,他被烟雾呛得清涕横流,眼睛几乎睁不开。他所在的海盗头船也冒起滚滚浓烟,火势眼看就要把船体吞噬。往远处看,他的船队被火神掀翻在海上,到处都是被烧断的船帆、桅杆、木板,还有数不清的尸体。

陈祖义万念俱灰,眼睁睁看着自己建立的船队化为飞灰,回想十余年来纵横于海上,何曾遇到过对手,如今怎么就横空出来个郑和,在极短的时间内把自己打了个落花流水?

他思来想去,只有跳海

逃生这一条路可行。可是海面上漂浮着黑色的油污，火舌正在海面上迅速地燃烧。他若跳下去，不是被油污呛死，就是被即将到来的火舌烧成肉炭。曾经不可一世横行无忌的海盗之王此时此刻，上天无路，入地无门，只有活活等死。

就在这千钧一发之际，海面上驶来一艘快船。这艘小船的船体涂满了抗燃材料，使它在冒着火的油污中穿行的时候，丝毫未受烈火的影响。

小船在海盗头船不远处停稳，一个沉郁沧桑的声音传来："陈老大，别来无恙乎？"

陈祖义仔细打量，心中一阵狂喜："老弟，原来是你！你是来救我的吗？"

那声音说："十几年前我救了你，今天又来救你，你说我是不是上辈子欠了你的？"

陈祖义眼中冒光："老弟，你真是上天派来护佑我的！我真不知道该怎么报答你，赶紧把小船驶到头船下头来，我好顺着绳子下去。"

小船真的停到头船下头。陈祖义找了一根绳子系在船舷上，然后抓着绳子飞身而下，平稳地落到小船之上。他刚站稳，那人，也就是"独臂飞贼"就操纵小舟往干净海面上驶去。

不多时，小船便驶离了油污海域，但不是奔向旧港，而是奔向郑和的船队。

陈祖义顿感不妙，高声道："老弟，你这是拿我去邀功请赏吗？"

"独臂飞贼"冷笑道："别怪老弟无情，怪只怪你多行不义，你害死了我那么多兄弟，今天我要替他们报仇了！"

陈祖义掣出藏于靴内的匕首，刺向"独臂飞贼"。"独臂飞贼"觉察到了，往下一纵跃入海水中。陈祖义一看这情形，赶紧驾驶小舟往反方向划。可是划了半天，小舟纹丝未动。

原来，舟底海水里藏着两个人，他们此时正在疯狂地摇晃小船，硬是把海盗王从船上摇落海中。

陈祖义一看都认识，正是"海贼"和"小虎鲨"。他凶神恶煞般吼道："你们都要造反了吗？回去给你们好看！"

"小虎鲨"怒吼道："你以为你还能回去吗？"

"独臂飞贼""海贼"和"小虎鲨"在海中跟陈祖义展开了搏斗。要说陈祖义真是凶猛，虽然以一敌三，仍然能占上风。"独臂飞贼"他们三个几乎近不得他身，只能消耗他的力量。

此时，我跟子满也驾舟找到了他们，见几个人在海里战得正酣，子满按捺不住，一个猛子扎进大海，心想要跟陈祖义比试一下。

要知道，我这老弟当初曾在大河里驯服过宝马，潜水功夫很深。子满像一条蛟龙般在海里出没，忽焉在左，忽焉在右，很快就把陈祖义搞蒙了。他感觉四周都是子满的影子，但也不知道应该朝哪个下手。不一会儿，他的力气就耗光了，一个劲儿地往海底沉。

我一看急了，站在船头喊道："子满，上头要活的，别给淹死了！"

那四人听我这么一说，才把喝了一肚子海水的陈祖义架出水面。

我像拽落水狗似的把陈祖义拽上了小舟。"赶紧发哨音，告诉郑总督咱们得手了。"我吩咐子满。

清脆的哨音在海面上响起。

不一会儿，我们远远地望见大明号宝船升起一面旗帜。那旗子在海风中飘展，上面翩然一条的金龙。

胜利的讯息在广阔的海面上传递，一大群海鸟在宝船的上空欢快地飞翔。

我跟子满相视而笑，彼此用眼神交流着，心里在说，从此万里海疆平定，海盗为王的时代结束了。

第 8 章
牵星之术

①

当海盗王陈祖义在南京的宫门外被处以极刑的消息传来之时，已是大明船队第二次下西洋经过马六甲海峡的时候了。当时东南亚诸国无比震骇，骑在他们头上无法无天的海盗王终于伏法，大明船帆所指，任何挑衅行为势必付出代价。

于是，当施进卿被任命为旧港新的领袖而回到马六甲的时候，他收到了各国人民由衷的欢迎，因为那意味着一个和平共存、合作共赢的时代开始了。

郑和第二次下西洋的时间非常短暂，因为当初押送陈祖义回南京的时候，宝船上还搭载了西洋诸国的王亲贵族，以及各国的珍禽异兽，尤其是占城的鼍龙和苏门答腊的黑虎，他们在南京完成了与大明交好的外交使命后，永乐皇帝便命郑和把他们护送回国。大明船队轻车熟路地完成了任务，很快就结束了第二次下西洋之旅。

到了永乐七年（1409），永乐皇帝再次让郑和率领船队出发，开始了大明船队的第三次远行。

船队再次路过马六甲海域的时候，受到了沿岸各国的热烈欢迎。船队并没有做长时间的停留，因为有更远的目标等着去探索。

路过中南半岛的时候，船队进行了补给。我还清晰地记得，在暹罗国（今泰国）的海岸上，我们观看了一次鸟葬活动，子满差点儿把苦胆吐出来。那些盘旋在低空的巨鸟，时不时张开血盆大口俯冲下来，瞬时把放于岸边的尸体啄个零碎。如此血腥的场面，让我们至今仍心有余悸。

在哑鲁国（也称阿鲁国），我们因为要采买一些新鲜蔬菜而离船登岸，结果在广袤幽深的森林里，惊奇地发现了一种动物。那是一种兽类，就像家养的猫一般大小，浑身上下都是灰色，而它特别的地方在于长着两对肉翅，而且前足的肉翅连着后足，好似欧洲人笔下恶龙的形象。我们向当地的土著询问，得知此兽名叫飞虎。我们听后，觉得这个名字真是再贴切不过了。

我们"洪"字组全体成员费了九牛二虎之力捉了一只飞虎，准备把它献给郑总督，让船队"动物园"的规模更加壮大。对了，忘了告诉你们了，随我们船队出航的，除了人以外，还有一支数量可观的动物大军，我们戏称为"宝船动物园"。"宝船动物园"由大小不一的笼子组成，里面装满了来自海上诸国的珍禽异兽，诸如鹤顶鸟、食火鸡、鼍龙、神鹿……

记得在马六甲海域的某个国家，我们获得了一种新的材料。当地人管它叫"打麻儿香"，其实就是一种树脂。这种树脂先是流入土中，经过一段时间的埋藏，发掘后就如同松香、沥青一样，用火一点即着，因此当地人就拿它当燃料。

子满意外发现，打麻儿香是一种奇特的黏合材料。当时我们乘坐一小舟抵达沿海，没想到一阵疾风刮来，把小舟吹向一处又尖又硬的礁石。小舟应声而裂，海水灌了进去。我们都很着急——要是耽误了回归船队的时间，那么我们哥儿俩估计要在大海上当海盗了。

我们向当地人请求帮助，正值夜幕降临，他们举起燃着打麻儿香的火把帮我们把漏水的小舟拖上岸来，子满让当地人找来一口大锅，又买下许多打麻儿香，在锅里煮化了，然

后涂抹在小舟破裂的缝隙里。干完这些活,我们都酣然睡去。

当翌日清晨的阳光照耀在我身上的时候,我看到子满的脸上沾满了浅海沙滩那种细碎浪花的泡沫。事实证明,打麻儿香是一种绝佳的修补舟船裂缝的材料。我们倾尽所有,连我们剪裁得体的衣服都给了当地人,买了许多打麻儿香带回宝船上,以备不时之需。

2

第三次远航,船队被赋予了新的使命,其中有两项值得特别提及:一是对航海术最重要组成部分——牵星术的校正;二是郑和受道衍和尚姚广孝的委托,亲自组织人员将数万部用圆瀞金粉抄写的楷书《妙法莲华经》经卷,布施到佛国锡兰的寺庙,并朝拜和迎请佛牙舍利归国,因此船队航行的重头戏在印度洋而非东南亚的太平洋。

在浩瀚的大海上,太阳最是肆无忌惮。不过好在我们有遮阳的油伞以及冰镇的甜酒,甚至还有冰镇的西瓜。船队里还有一艘专门种植蔬菜、水果的船只。

我们吃一块凉冰冰的西瓜,呷一口冰爽的甜酒,任海风吹拂,日月流转,别提有多惬意了。

童药师专爱喝度数高的酒,只见他抿了一口酒,吃了一口西瓜,问道:"子六,听说你小子还会牵星术?"

洪保接了一句:"岂止是会?简直可以说是精通。郑总督特意安排给我的一个任务,就是协助子六校正牵星术。"

童大叔摸了摸脑袋:"难道牵星术失准了吗?"

听他这么发问,我便给这位深谙中医的大叔好好科普了一番。

我告诉他:"牵星术其实是一种古老的天文术,西汉时的《周髀算经》就有记载:'欲知北极枢,旋周四极。常以夏至夜半时北极南游所极,冬至夜半时北游所极,冬至日加酉之时西游所极,日加卯之时东游所极。此北枢璇玑四游……故东西极二万三千里。其两端相去,正东西。中折之以指表,正南北……'"

我还想往下卖弄呢,子满突然打断我道:"老哥,你饶了我吧,你这之乎者也的,谁听得懂啊,显摆你有学问吗?"

我反唇相讥:"你不会让马大翻译给你翻译翻译?"

不过,这一次的"马大翻译"非彼"马大翻译",他是马乐的族弟马欢,马乐因为有别的公差在身,无法和我们一起出海,于是他把同样精通各国语言的族弟推荐给了郑和,

郑和舍圆浔金粉楷书《妙法莲华经》

　　整个经卷为磁青纸,是一种明清两代专门用于抄写佛经的特种纸,宽10.1厘米,长4030厘米,由42条粘接而成。共有7万多字,字体古朴秀丽,精致而不失随和,既有唐楷的严谨,又有敦煌写经书体的神采。

　　现藏于浙江省平湖市博物馆。

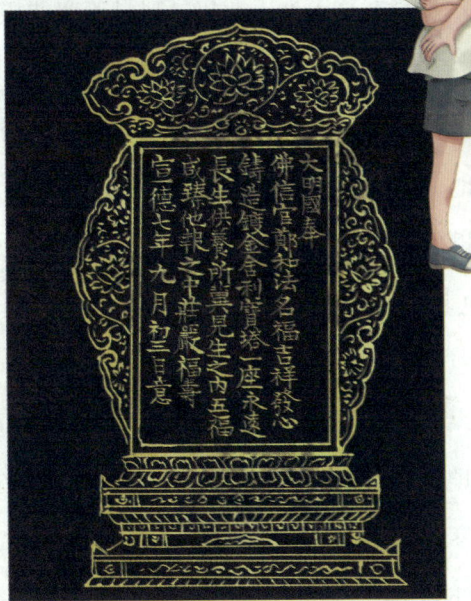

注:本图为《妙法莲华经》局部

成为我们中的一员。

马欢连连摆手："快拉倒吧，你这文言文比西洋番语还难懂呢，我可翻译不了。"

洪保道："子六，别逗他们了，你赶紧给我们好好普及一下吧，兴许我们能帮上忙呢！"

"好啦，真拿你们没办法，一个个没学问不说，还不谦虚。"我一边发牢骚，一边继续说，"其实你们也都知道，船队在海上航行，都靠用北极星来指引方向。但真相是，天穹北极一般很难有一颗亮星作为准确的北极标志，我们所谓的北极星，都没有真正处于北极，只是距离北极最近。

"古人寻找北极，就是通过测量这颗大亮星来完成的。这颗大亮星环绕北极枢做周日视运动，其处于极枢东西南北四个位置时，称之为'璇玑四游'，测定璇玑四游，极枢即处于'璇玑之中'，即得于四游的交叉点上。

"在地上测量时，要立一根晷表，高有八尺，在表的顶部拴一条绳子，牵直并移动绳子，眼睛顺着绳子望去，使表顶与被瞄准的北极旁的大星处于一条线上。这时在地上标出绳子与地面的交点。这种瞄准测量技术，在古代著作中称之为'参照'。

"测量时在地中经过不同时间先后测量，可在地面获得大

星在极南、极北、极东、极西四个测量点位，其中最有意义者是东西两点，两点间连线取中，即为极枢在地面的测量点位。从这一点出发，通过表顶，所望到的天区即为极枢所在处。

"如果测量者取极枢至极枢在地面的测量点之间的连线在地表上的投影线，就是立表处的南北子午线。当然，该处子午线也可直接从垂直立表之根部至极枢在地面的测量点位获得。这就是牵星术的原理。

"牵星术又名过洋牵星术，就是利用北极星高度角，即北极星仰角，来获得当地纬度的一种航海技术。屈指算来，这项技术已经有几千年的历史了。"

我的一席话把几个人都给整蒙了。我课都讲完了，他们还沉浸在其中。最后子满代表他们发问："老哥，为什么说北极星的仰角等于当地的纬度？"

我耐心地给他们解释："因为北极星离我们太远了，远在434光年之外，比地球绕太阳的轨道要远得多，所以从地球上看，它的位置几乎不变。作为测量，可以认为北极星是无限远的一点。这样我们在地球的其他位置看北极星的方向，和地轴方向就是平行的。因此，我们测量北极星得到的夹角正好等于我们所在的纬度夹角。所以只要测出北极星的仰角，就是我们所在位置的纬度。你们想想勾股定

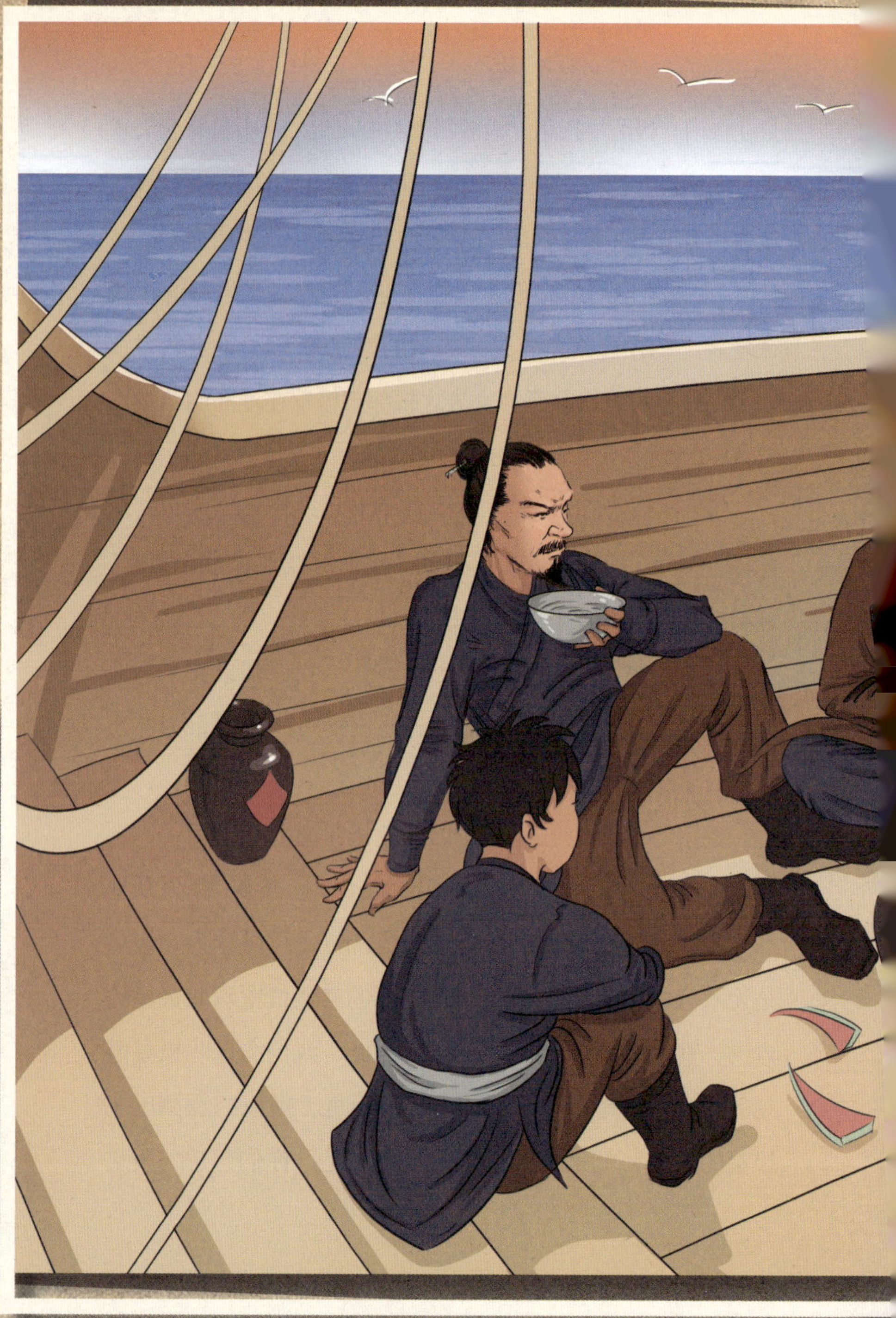

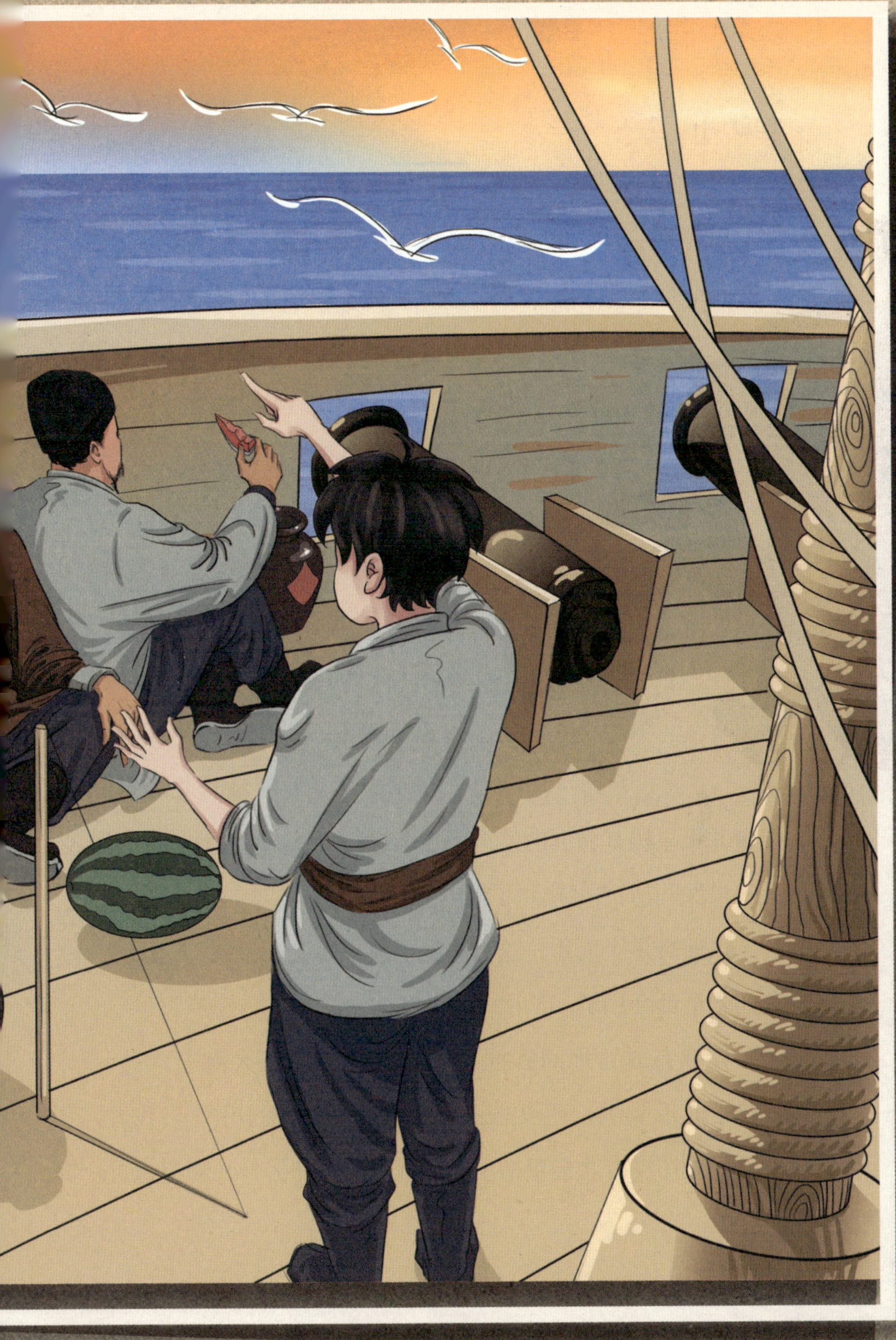

理就明白了。"

"什么是光年?"他们一齐歪着脑袋问道。

我顿时傻眼了。我实在不知道如何用现代的物理知识去给他们解释古老的科学,而且前提是要先让他们接受现代的物理学知识!

洪保看出了我的尴尬,解围道:"那既然如此精准,为什么还要调校呢?"

我立刻解释道:"因为在靠近赤道的地方,尤其是南半球是看不到北极星的,而我们此次所航行的方向是印度洋,最接近赤道和南半球了,所以要校正牵星术,要在没有北极星,或者北极星极其微弱的情况下也能进行导航。"

洪保问道:"你找到了新的参照?"

洪保真是个人才,这么快就上道了,连"参照"这么专业的术语都会用了。

我胸有成竹地回答他:"不错,这几天在大海上漂荡,我除了吃瓜喝酒,还没忘记头上这一片浩瀚的星空。我发现,如果在没有北极星指引的情况下,还有另外几颗星也可以用作导航。最佳的就是华盖星，织女星、灯笼骨星也可以，但都不如华盖星精确。"

大家都用赞许的眼光看着我。看着他们叹服的目光，我心里还是挺受用的！

③

船队驶入印度洋洋面，海风变得温暖湿润。有一群我们叫不上名字的海鸟在"洪"字号宝船的桅帆上空飞翔，光洁的羽毛在阳光下泛出耀眼的色彩，长而尖的嘴里发出清越的叫声。

我望着这些海鸟，突然想起一件事，问洪保道："听说大明号宝船上有一位神秘之客？"洪保惊讶道："何来神秘一说？"

我故意嗔怪他："你不拿我们当自己人，那位神秘之客整个船队都知道了，偏咱们'洪'字号上的人不知道，这算什么事？"

洪保道："子六，你能不能有话直说，别绕圈子！"

我双手合十，往胸前一放，目视洪保。

洪保笑道："我还以为是什么事呢，这不都是公开的吗？你还当作秘密哩。不就是大明号宝船上坐着一个大和尚吗？据说，那乃是郑总督的师父——道衍和尚。这也不算什么秘密。"

我问道："可是大名鼎鼎的姚广孝？"

洪保点了点头："那是他的俗名。全天下都知道他叫姚广孝，却不知道他原是个和尚，十四岁就落发，法号为'道衍'。"

我不解地道："郑总督怎么成了道衍和尚的弟子？"

"这说来可就话长了。"洪保把杯中酒一饮而尽，"姚广孝出家后，仍然受到皇家礼遇，郑总督得以亲近，并最终拜在他门下。道衍禅师还给郑总督起了一个梵文法名，叫什么速南吒释，中文意为福吉祥。郑总督多次以'福吉祥'的名义刊刻佛经，分发给各个寺院，经卷都有道衍和尚亲自撰写的跋文。"

我挠了挠脑瓜："不知道郑和跟姚广孝还有这么深的渊源。"

洪保神秘地说："告诉你吧，促成大明船队下西洋这种旷世之举，姚广孝还出力不少呢。他前半生帮助圣上谋划取得江山，可能是觉得杀戮过重，于是晚年想多方补救。这一次，听说他也跟了郑总督来，要亲自前往锡兰寺中朝拜佛牙舍利。"

我又问道："连你都没亲眼见到他？"

洪保一脸尴尬："听说除了郑总督，老和尚谁都不见。一直在舱室里念经打坐，从不上甲板。"

我若有所思地道："难怪咱们的船队要在福建长乐港驻泊呢，那不就是黑衣宰相姚广孝的老家吗？"

洪保诧异，问道："黑衣宰相？"

我一笑："你久不在民间，当然不知道姚广孝这个称呼了。民间认为姚广孝在靖难期间厥功至伟，又规划了北平城，虽不是宰相，却胜似宰相。要不是咱们洪武爷把宰相这个职位给废除了，没准儿他就真的当上宰相了。"

正当我跟洪保闲聊时，不知谁在甲板上喊了一句："快看！岸上的人没穿衣服！好不知羞！好不知羞！"

我们一看，果然船队已经临近一处海岸。岸边礁石如林，岩壁如削。有一群人几乎全身赤裸，只用几片海边大树的叶子遮住隐私部位，正在海边捞鱼。

洪保叹道："真是世界之大，无奇不有。不想万里大海之外，还有此等茹毛饮血之族。怪哉，怪哉。"

这时郑和传下令来，让"洪"字号和"荒"字号宝船先行停泊靠岸探路，其余船队在海上抛锚休整，等待消息。

我们登上了岸，那些土著人见我们如此衣帽齐整，十分诧异，纷纷围拢过来，七嘴八舌地议论不休。

马欢苦笑道："咱们笑话人家不穿衣服，人家却笑话咱们穿得太多。真是大异其趣！"

洪保道："赶紧问问他们这是什么地方，为何不穿衣服？"

马欢叽里咕噜地跟土著聊了一番，然后告诉我们："原来这里是裸形国，是锡兰狮子国辖下的蕞尔小邦，因为佛陀过海，在此登岸，在溪水中沐浴时，他们偷了佛陀的衣服。佛陀生嗔，便诅咒这个地方的人不得穿衣，否则身体会生疮，乃至溃烂流脓而死。"

童药师道："这肯定是土著传说，不是信史。我看肯定是有一种传染病，世代困扰着他们。子满你去船上帮我取来药箱，看能不能给他们医治一下，让他们免去露体之苦。"

那些土著听说有异域之人能帮他们脱离苦海，都十分感激，纷纷把他们打上来的鱼儿放到我们脚下，姑且充作诊费。我们哪里肯收，让他们安心等待。

药箱取来后，童药师仔细辩证了病情，然后开出方子，就在海边支了一口大锅熬药。药熬好后，分给土著们喝了，当时他们的身体就不痒了。中医之神奇，着实让人觉得不可思议。

童药师仔细考察了当地的水土，胸有成竹地说："洪组长，我敢断定这脓疮绝非遗传，更不是受了佛陀的诅咒，而是跟他们饮用的水源有关。我可以帮他们处理水源和水系，让他们以后都免去恶疮之累，过上体面的生活。"

洪保叹道："这再好不过了，这裸形国是我们去往锡兰狮子国的必经之地，能够帮这里的百姓免除病痛，不仅造福一方，还可以免去我们很多后顾之忧。"

童药师带着马欢、子满和我，背着药箱——又让我跟马欢回船上背来两大袋子的中药，在当地一个土著的带领下，几经周折，找到一泓泉眼。据说，这就是整个裸形国的水源。

童大叔让我们把中药熬煮好，抛到泉水中，然后让土著人品尝。土著人喝了，一脸的愉悦，看得出来十分舒服。

童药师十分有把握地说道："不消一个月，他们身上的毒疮就会痊愈。我在来的路上也观察了，我用的这个药，他们这里也产，只不过不如咱们的好。马大翻译，你告诉他们可采此药来煮，投入泉水中饮用，他们的痛苦就会自此终结。"

第 9 章
海上被围

①

许多年以后，马欢在他的笔记《瀛涯胜览》中写道："此处海边山脚光石上有一足迹，长二尺许，云是释迦从翠蓝山来，从此处上岸，脚踏此石，故迹存焉。中有浅水不干，人皆手蘸其水洗面拭目，曰：'佛水清净'。左有佛寺，内有释迦佛混身侧卧，尚存不朽。其寝座用各样宝石妆嵌沉香木为之，甚是华丽，又有佛牙并活舍利子等物在堂……"

我们一行人跟随着佛陀的足迹，从坐落于翠蓝山的裸形国沿着水路一直来到锡兰国的港口。入乡随俗，我们也用佛陀足迹里的圣水洗了手脸，然后一抬头，就看见了不远处蓊郁山林中若隐若现的一座大寺庙。

洪保赞道："锡兰真是佛国，到处都是庄严的寺庙！"

子满天真地问道："那这里的人一定很慈悲和善了？"

童药师一咧嘴："那可未必，人心向善的话，不是佛国胜似佛国。若是人心向恶，纵为佛国也是枉然。我踏上这锡兰国的土地，总觉得哪里不对劲儿。"

我皱了皱眉道："我也有这种感觉。"

子满问道："马大翻译，你熟悉典故，给我们讲讲锡兰国的历史吧！"

我们这个组，数子满岁数小，又傻憨憨十分可爱，因此大家都让着他、宠着他。

马欢笑道："子满，你算是问对人了。这个锡兰国啊，是咱们的俗称，大明典籍里，称为'锡兰山国'。在更早的历史记载中，又把它称作'狮子国'。"

子满仰着头问道："是因为这里有很多狮子吗？"

马欢一笑："或许吧，不过可不是因为这个才叫狮子国的，而是有一个美丽的传说。据说，很久很久以前的梵珈国，一头威武的雄狮与梵珈国的公主坠入爱河，产下爱子辛哈巴胡。辛哈巴胡长大后，耻于自己有一位狮子父亲，一怒之下，就将雄狮射死。后来，他被拥立为国王，有了自己的孩子维贾亚，还把维贾亚立为太子。谁料想这位太子为人暴躁专横，引发国人不满。国王辛哈巴胡不得已将维贾亚放逐到锡兰山岛上，也就是我们眼前的这个地方。维贾亚经过一番漂泊，在岛上建立了新的国家——僧伽罗国。"

我们都被这些奇奇怪怪的国名和人名搞晕了。

子满歪着脑袋问道："这个梵珈国是在哪里啊？"

马大翻译拿不太准："大约在天竺一带。"

后来我偷偷地告诉子满，明朝时的梵珈国其实就是孟加拉国境内的一个小国。马欢所讲的这些故事，无非是隐喻了南亚次大陆这些国家的由来和恩怨。要问我是怎么知道的，当然是因为我那位博学的老爸给我讲过相关的历史啦。

洪保这时候说道："锡兰国在历史上也不是风平浪静啊。由于外族势力的入侵，僧伽罗人不断南迁，一部分进入山中高地，一部分进入低地沼泽，跟异族三足鼎立。后来，低地的僧伽罗人在一位英雄阿吉罗湿婆罗的带领下，逐渐收复失地，有望统一。可惜天不假年，阿吉罗湿婆罗英年早逝，王位传给了他的儿子。他的外甥亚烈苦奈儿心怀鬼胎，打算取代他的表兄自立，后来兵败逃亡。若干年后，逃亡的亚烈苦奈儿率领着数万人的兵团重返锡兰，把他的表兄强行带到自己的地盘甘波罗王国，'挟天子以令诸侯'，做起了'曹操'。"

童药师问道："这是什么时候的事儿？"

洪保不疾不徐地说道："就是不久之前！我们如今就处于甘波罗王国的辖地内。那位不可一世的亚烈苦奈儿为了豢养他的庞大兵团，不但在国内横征暴敛，而且还把目光投向邻国和大海。他不断地侵略、蚕食邻邦，而且建立起皇家海盗队，在海上四处劫掠客商。这本来跟大明无涉，可是永乐初年，大明僧人来锡兰朝拜佛牙舍利，却遭到了亚烈苦奈儿的劫持和勒索，真是可忍孰不可忍！所以我大明船队此番下西洋，务必要将亚烈苦奈儿铲除，以威服远国，以靖绥海邦。这次郑总督派我们做前锋来锡兰国，就是探听亚烈苦奈儿的虚实，以便采取行动。"

子满眼前一亮："这么说，咱们又要行侠仗义了？"

我瞪了他一眼："你小子消停点儿吧，没听洪组长说吗，这个亚烈苦奈儿可不好惹，何况背后还有数万人的海盗兵团，就凭咱们几个，不是羊入虎口吗？"

我这番话一说，吓得子满直吐舌头。

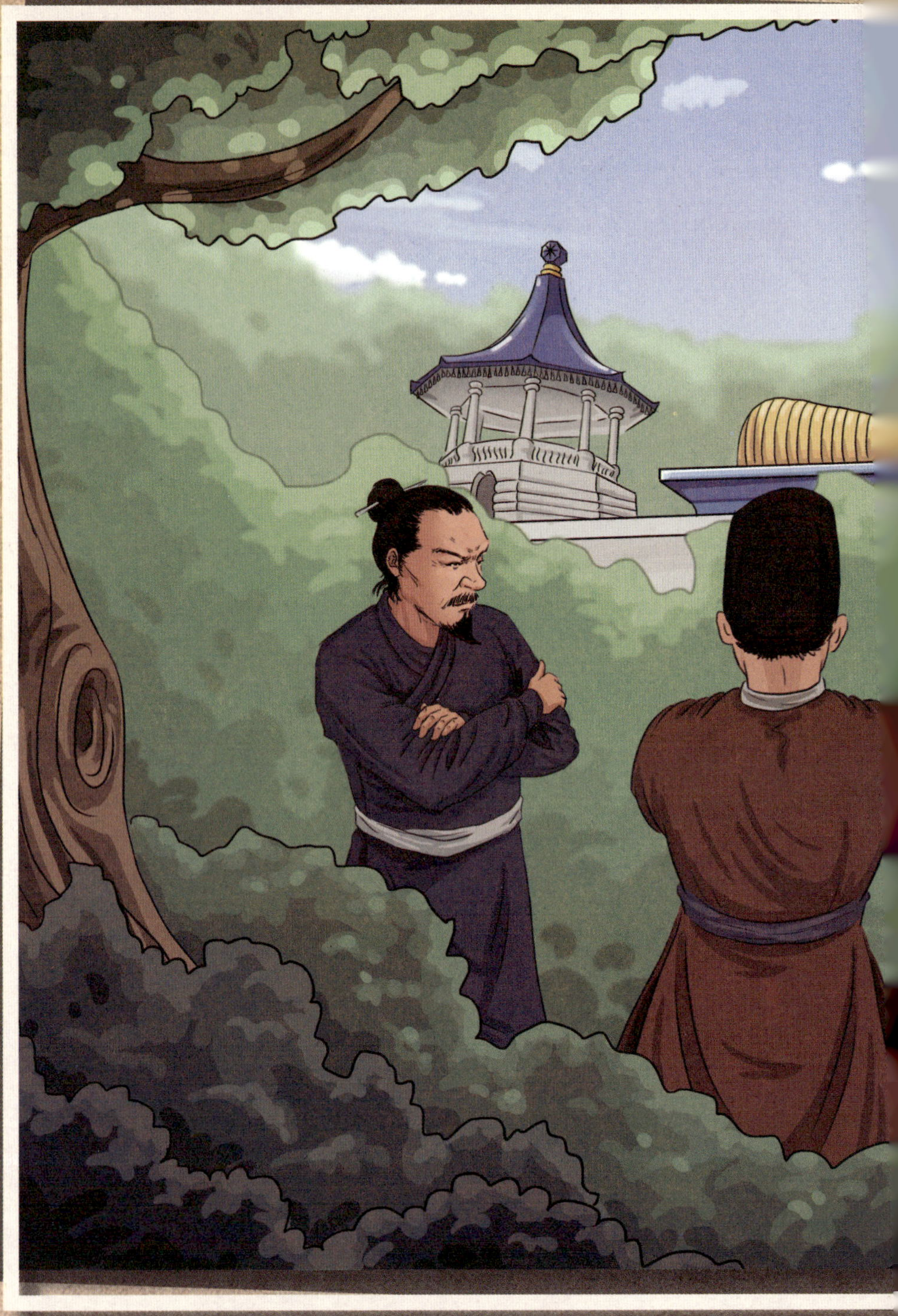

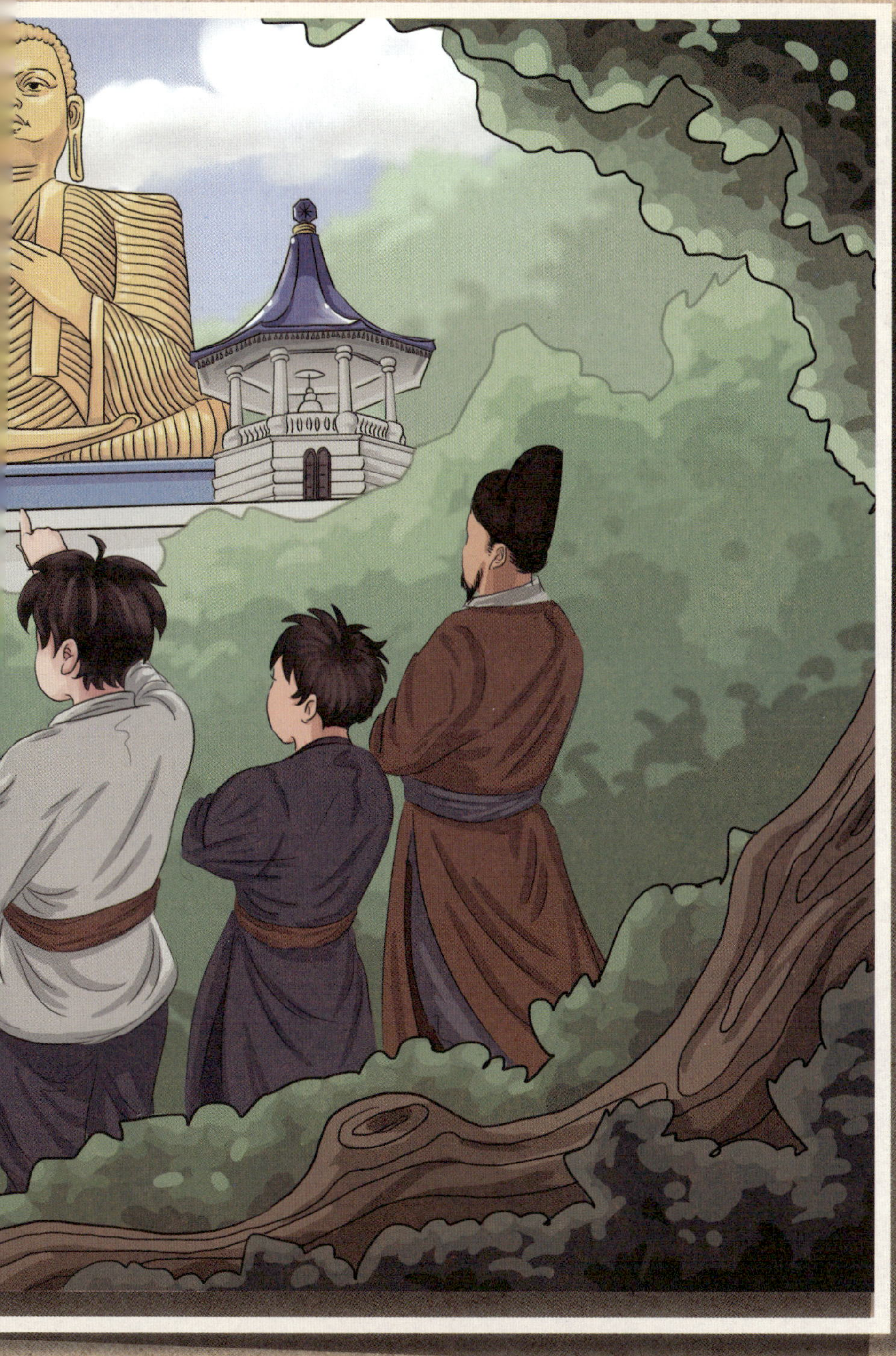

2

就在我们伺机开始侦察活动的时候，亚烈苦奈儿也没闲着。

他早就听说大明船队满载金银财宝和绸缎瓷器，这些可都是能在各国流通的硬通货。不用说都抢了来，哪怕只抢劫一艘宝船，也够他享用几年的。而且他还听说，郑和打算在锡兰的寺庙里布施经卷，上面的字都是用金粉写成的，这些消息让贪婪的亚烈苦奈儿无比兴奋。他垂涎三尺，蠢蠢欲动，发誓无论如何也不能让大明的船队从他的鼻子底下溜走。

我们一踏上锡兰所感受到的那股异样气息，也许是亚烈苦奈儿的贪欲在四处泛滥而引发的气息。

我们朝山上的寺庙走去。到了近前，不由得眼前一亮。从金碧辉煌的装饰来看，足以证明佛陀在当地人心中的地位。这是一座坐落在海边的皇家寺院，里面花木幽深，僧人穿着干净，举止得体。我们找到知客僧，纳上金银，表示无论如何也要拜一拜佛牙舍利。

谁料知客僧说："几位贵客来晚了，前两天佛牙舍利已经被迎往甘波罗王国的王城康提城供奉起来了！"

我们大吃一惊，知道亚烈苦奈儿已经提前下手了。看来在迎请舍利的问题上，亚烈苦奈儿要与大明船队为难。

我们动身前往康提城。两地距离不近，如果步行的话，恐怕要耽误事。幸亏我跟子满还记得占城国象车的制作方法。洪保和马欢负责到附近最大的市集去租赁几头壮实的大象，我、子满和童药师负责制造象车。好在锡兰不缺竹子，我们挥舞镰刀，按照长短比例切断竹子，然后用随身携带的绳子把它们拴系起来。等大象租来的时候，象车已经准备就绪。

我们把象车装好，然后用占城人教授的驱赶大象的方法，几天工夫就到了康提城。孰料王城正在实行戒严，晚上还要宵禁。外国人一概不准进入，本国人也不得随意外出。

马大翻译寻了一个当地人，叽里咕噜问了半天，回来道："亚烈苦奈儿的兵团倾国而出征伐邻国去了，康提城已经戒严，防范奸细进城捣乱。"

我急问道："他们出发几天了？"

马欢道："那人说，已经好几天了。"

洪保道："可恶，又去欺负邻国！"

我突然感到不妙，提醒洪保道："征伐邻国恐怕是个幌子，我看是醉翁之意不在酒。"

洪保担忧道："子六，你的意思是他的目标是咱大明？"

我点了点头："我看多半是。锡兰境内都是裸形国这样的小国家，他们何必如此兴师动众呢？"

洪保也顿感不妙，却无计可施。

我们在城外转悠了半天进不了城，没办法只好找了一家乡下客栈先住下，以思良策。

刚安顿好，就听外面鸽哨响起。洪保迎了出去。一会儿，鸽子箭似的从高空飞落，立于洪保的右臂。洪保用左手将密信取下，急匆匆进入客栈，召集我们一同观看。

原来是郑和的密信。大意是说，两天前，亚烈苦奈儿的海盗兵团出其不意地将大明船队包围，兵团人数大概是大明的两倍，亚烈苦奈儿已经派遣使者到宝船上，威胁他们交出宝物，免得一场恶战，否则海盗兵团必然将大明船队围而歼之。最后，郑和命令我们探听王城虚实，想办法使大明船队脱险。

大家陷入了沉默。大明船队大约两万七千人，但其中能够打仗的士卒不过万余，如何抵抗数万的海盗兵团？如果满足亚烈苦奈儿的要求，献出宝物，恐怕他得了宝物之后，仍然要把大明船队歼灭。如果拼死一战，难免船毁人亡，

道衍和尚也要葬身大海，永乐大帝必然要报复，来之不易的和平繁荣的海上丝绸之路就要宣告中断……

这可如何是好，所有人都没了主意。

3

最后，大家达成了共识：绝不能屈服于海盗的威胁。接下来就要思考、讨论如何为大明船队解围了。我们也无心吃饭了，漫无头绪。尤其是洪保，急得像热锅上的蚂蚁，不停地在客栈小院里转圈，苦思对策。童药师和马欢两人悄悄地出去转悠，不知道干什么去了。

"我的洪大组长，我的头都快给你转晕了！"我忍不住劝他，"在我看来，亚烈苦奈儿是不会轻易发动攻击的，他知道逼急了，郑总督一定会把所有宝物都沉到海中。到那时他不但解不了燃眉之急，还要跟大明结仇。他虽是个骄横的权臣，却不是个没头脑的糊涂蛋。因此，我们有大把的时间来商量对策。"

洪保听了略为安心，但仍是一脸焦急。

这时候，信鸽又飞至，落在的灌木枝头上。

洪保取过信来看："郑总督说：双方发生小规模交火，'黄'字号宝船受到点儿损伤，击沉敌船两艘，捞起俘虏若干，看来亚烈苦奈儿志不在速战，只是围困得更加紧密，犹如铜墙铁壁一般，大大小小的船只把咱们船队围得水泄不通，船队里人心惶惶。你们'洪'字号和'荒'字号两艘船都在外面，而且武器装备精良，人员以士兵为主，不如集合起来，从包围圈外边杀过来，咱们内外夹击，估计能战胜亚烈苦奈儿，速归为盼！"

洪保看罢就想原路返回，但被我制止了。"组长，郑总督的部署倒也合情合理，但是他忽略了一条，如果亚烈苦奈儿侦察到我们率兵返回，一定会在我们抵达僵持海域之前，跟大明船队速战速决。到那个时候，就算郑总督侥幸取胜，也必将损失严重，财产宝物倒还好说，可道衍和尚还在船上，他一旦有个闪失，恐怕郑总督也负不起责任。所以，内外夹击之计绝不可行。当下最要紧的是趁着亚烈苦奈儿跟大明船队僵持之际，把握战争的主动权。"

洪保对此深表赞同。此时，童药师和马欢回来了，气喘吁吁，脸色非常难看。马欢道："大事不好，我们俩刚才在附近转了几圈，发现大路全被圆木堵死了，车和象都无法自由进入。"

洪保的脸色登时变了："难道咱们也被发现了？"

我摇了摇头："当然不是。我看这个亚烈苦奈儿一方面发动大兵在海上围困住了咱们的船队，另一方面把通往王城的路都给封死，防止援军或叛军来攻，这叫稳固后方。"

大家都诧异地问道："援军？"

我愣了一下："难道时间僵持久了，我们一路上结交的那些海上友邦就不会派兵来救援咱们吗？"

听到我的这一回答，大家又诧异地问："叛军？"

我笑道："这个亚烈苦奈儿是个权臣，在朝中操持权柄，专横霸道，底下一定有不服他的，倘若趁着王城空虚前来攻打他，他不得防一防吗？"

谁知道我的话刚一出口，子满紧跟着就问道："你说什么，王城空虚？"

我被他这么一问，突然间不知道怎么回答："兴许啊，海盗兵团都出去了，王城肯定没有重兵把守啊，有的话也是老弱残兵，不足为虑。"

子满兴奋地问："老哥，你真是个天才，我问你，以前老妈教咱们记忆法的时候，其中有一项训练——用快速记忆的方法记忆'三十六计'，其中有一计叫什么来着……围什么救什么来着？"

我的大脑飞速运转，三十六计在我大脑里像过电影似的闪过，第一计，瞒天过海；第二计，围魏救赵……我脱口而出："老弟，是围魏救赵，三十六计中的第二计！"

我的脑海里马上闪出老妈当初教我们记忆围魏救赵时的场景。

她的方法说起来也不难，就是把文字或数字转化为图像，然后在脑海建立图像之间的联系。她把1到10这几个数字分别对应不同的图像，比如0想象成呼啦圈，1想象成蜡烛，2想象成鸭子，3想象成耳朵，4想象成帆船，5想象成钩子，6想象成勺子，7想象成镰刀，8想象成眼镜，9想象成哨子，10想象成棒球，然后再让数字跟每条计策产生关联，发生故事。比如围魏救赵，会被设计成一群鸭子（也就是2，即第二计）包围着一个大大的"魏"字，以提示我们围魏救赵就是第二计。

子满提示我道:"老哥,该轮到'鸭子'上场了!"

一语点醒梦中人,我突然醒悟过来,忍不住拍掌道:"我怎么没想到呢!我怎么没想到呢!子满,老哥真是爱死你了,是你想到了可爱的'鸭子'!"

我们哥儿俩这一出,把洪保他们都听傻了。

我很负责任地告诉他们:"有办法解围了!"

第 10 章
奇袭获胜

①

我记得小时候——老妈在教我们快速记忆三十六计的时候,往往也把妙计背后的故事讲给我们听。我对"围魏救赵"这一计的故事记忆深刻。

战国时期,魏国派大将庞涓围攻赵国都城邯郸,赵国向齐国求救。齐王派出田忌和孙膑为将,带兵搭救赵国。孙膑建议田忌趁着魏国重兵在外,国内空虚之际,直接去攻打魏国的都城。魏国果然回军解救,邯郸之围得以解除。齐军又趁着魏军回救长途疲惫,设下埋伏发动伏击,击溃魏军,获得大胜。齐国没有踏入赵国半步,却把赵国的危机轻松化解。这种避实就虚,攻打敌人薄弱环节,使敌方受到牵制,来化解危机的绝妙方法,就是围魏救赵之计。

我顿时感觉如有神助:"现在咱们所处的形势跟当年战国的形势不是一样吗?郑总督海上被困,好比赵国邯郸被围。我们好比齐国,要帮郑总督解围,但我们的力量不足,怎么办呢?亚烈苦奈儿正如魏国,倾国而出,力量都聚集在大明船队上,导致王城空虚。我们正好给他来个围魏救赵,不但解了郑总督之围,还攻占了王城,占据了主动!"

童药师拍手道:"真是妙计!《水浒传》和《三国演义》里都使用过的,我怎么就没想起来?"

洪保沉思片刻,还是有些忧虑:"子六,计是好计,可是我担心咱们的人手不够。我昨天认真观察了一下康提王城,都是巨石修造,易守难攻。咱们要想攻破城门,恐怕要大费一番周折。"

看来我得坚定一下洪组长的信心了，我过去握住他的手说："组长，据我算来，总督派遣'洪'字号和'荒'字号两艘宝船作为先行侦察队，两个宝船的人马步卒加起来也有两千多人，况且这些人都是训练有素的战士，跟其他船上的闲杂人员不同。只要我们团结起来，制定好进攻的方案，一定能取得成果。退一万步讲，我们还有别的计策可行吗？现在就是把死马当活马医，只得用围魏救赵之计了。"

洪保点点头，眼中的犹豫变为坚毅，然后紧紧地握住我的手："子六，大明船队的存亡在此一举，咱们可得谨慎谨慎再谨慎啊！"

商议妥了，开始调兵。洪保写了一封密信，拴在信鸽腿上，发给"荒"字号宝船的船长，让他火速率领所部人马前来王城康提郊外会合。信上再三嘱咐，一千多人目标不小，千万不能集体行军，以免惊动甘波罗王国的官兵，而是要三五人一伙，分散行军，都到客栈点名，接受任务。

信鸽飞走后，我们开始拟定攻城任务。

子满突然说："咱们的行动跟围魏救赵有些不同。"

我们同时问："有何不同？"

子满眨了眨眼睛："围魏救赵救下赵国就可以了，并没有占领魏国的都城，我们这次一定要攻下锡兰王城，而且我觉得绝不能轻易放过那个亚烈苦奈儿,他也太猖狂了!"

大家都笑了。我拍了拍子满的脑瓜,道:"老弟,人小志气大,咱们一定要活捉亚烈苦奈儿,把他押往大明的京师,让咱们的皇帝处置他,好让他们知道大明天威难测。"

子满兴奋地跳了起来:"好耶!这可太刺激了。"

望着子满瘦小灵活的身体,我忽然又生一计:"破城的关键就在子满身上了!"

大家都不明白,子满简直惊讶到要把舌头吐出来。"老哥,你可不能拿自己亲兄弟冒险啊,我可知道你老哥关键时候必定是要牺牲我的!商朝、秦朝、汉朝……皆是如此。"子满嘟起了嘴。

马大翻译惊道:"商朝、秦朝、汉朝……什么意思?"

我赶紧打了个马虎眼:"这小子背朝代歌呢,没事,没事。"

我一把揪住子满的耳朵:"老哥什么时候害过你,这是给你立功的机会!你要是不争取,我可让马大翻译上了。"

子满赶紧说:"那再好不过了!"

马欢道:"有功劳让我去立啊,我可什么都不怕。"

我揶揄子满道:"你什么都不怕,就是怕死!"

我立场坚定地说:"此计非子满不可,换了谁都不行!

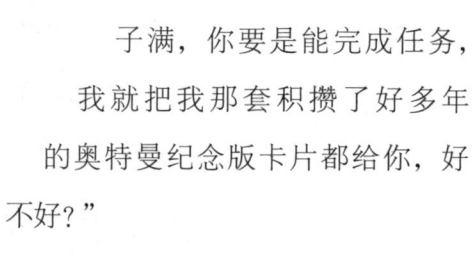

子满，你要是能完成任务，我就把我那套积攒了好多年的奥特曼纪念版卡片都给你，好不好？"

子满立刻欢喜："老哥，此话当真？"

"当然是真的。"我认真地告诉他，"而且还赠你一套我最心爱的《魔戒》原声大碟！"

子满手舞足蹈："就算是赴汤蹈火，俺也在所不辞！"

马欢和童大叔歪着脑袋问道："你俩先等等，什么奥特曼、魔戒的，乱七八糟，语无伦次，先告诉我们是什么好计策？"

我扮了个鬼脸："你们听安排就好了！"

②

"洪""荒"两号宝船的战士都抵达客栈点过名，接领了任务，他们按照要求化装成城郊的农人，在王城大门外潜伏，等候城头起火为号，便冲进大门，占领王城。"别动队"

开始行动!

"别动队"是以我跟子满为首,又从两千名士卒里遴选了十个精干勇武的战士,一共由十二个人组成,目的是进入王城,打开城门。

洪保坐镇客栈,汇总消息,待城门打开后,指挥攻城。马欢和童大叔负责传递消息,接应四方。一切都布置妥当,神不知鬼不觉。

到了夜半时分,海风吹拂,白昼的暑热全消。树梢在月影下拂动,大海和沙滩上泛起亮银色的光。就在这浪漫的月圆之夜,一场秘密行动在清凉的海风中有条不紊地进行着。

我们一行十二个人全都是夜行衣装,在夜色中潜行。我们急速通过泛着银色的沙地,在椰树高大树影的遮掩下,迅速贴近城墙根。我们早已打探清楚,城墙的正面大门防守甚严,不易突破。我们沿着墙根朝城墙的侧门溜去。

王城的两侧种着高大茂密的菩提树,月光下树影婆娑,这种情形让我顿感天神眷顾。我们踏着月色在墙根边游走,有如警戒的精灵在夜里巡查。突然,耳边响起一阵怪鸟的叫声，子满打了个激灵，转身想跑。我一把揪住他，示意他不要怕。

我们左寻右寻，终于找到了客栈主人告诉我们的那条小溪。与其说是一条小溪，不如说是一条臭水沟。整个王城的污水全从这个孔道排出，整个水沟水量丰富，流往护城河方向，流出的方向原本宽阔，后来因修筑新城，把部分河道堵死，所以只留了一排狗洞大小的排水口。

我指了指这些排水口，又拍了拍子满的肩膀："老弟，到你一显身手的时候了！"

子满看了半天，气急败坏地说："老哥，我是什么时候得罪你了，你要如此卑劣地陷害我？大不了奥特曼卡片和《魔戒》不要了，打死我也不去钻这些污水中的'狗洞'！"

我又气又笑："老弟，这可由不得你，咱们有言在先，你可不能出尔反尔。你要是不同意，我们就把你扔到水里！"

子满沉思再三，最后哭丧着脸道："我现在严重怀疑，你究竟是不是我亲哥！好吧！为了大明的荣耀，为了郑总督的安危，为了我老哥的妙计'得逞'，我豁出去了！"

我笑道："这才是我的好老弟！放心，哥早给你准备好了这个！"说着，我递给他一个东西。那是我用椰子壳做成的"防毒面具"，上面用大明最优质的细密丝绸做的过滤网，甚至我还用宝船上种植的竹子给这个面罩增添了两个呼吸用的管子。

我告诉小满："你所受的损失就是衣服被弄脏，以及通过'狗洞'时要受一些苦。"

子满牙一咬，心一横，冲我们一摆手，然后下到水里。他的水性，我在汉朝的时候就见识过了，他能在湍急的水流中逆行无碍。眼前这条臭水沟，怎么能难得住我老弟呢。就见他像一条黑鱼一样，在臭水沟中穿梭。眨眼的工夫，他瘦小的身躯已经到了排水孔附近。

子满忍受着恶臭，扭动着身体从"狗洞"里钻进去。里面跟外面一样，仍是一个水渠。他戴着"防毒面具"，摸索着上了岸。他干脆脱掉衣服，在夜色中裸着上身。他一边赞叹我的妙计——这个充满恶臭和污秽的地方，巡逻的士兵是肯定不会过来的；一边咒骂我的狠心——怎么忍心让自己的亲弟弟在脏污和恶浊的臭水沟里潜行呢？

子满查看着四周的地形，发现正好有一棵大树的树冠与城墙相连。他迅速爬上那大树，然后攀缘着延伸出来的树枝，跳到了城墙上。那是一处瓮城，并无士兵把守。但要通过瓮城，子满还要再穿行好长一段城墙，才能到达正门。

他学起了夜鸦叫，为的是通知城外的"别动队"到瓮城

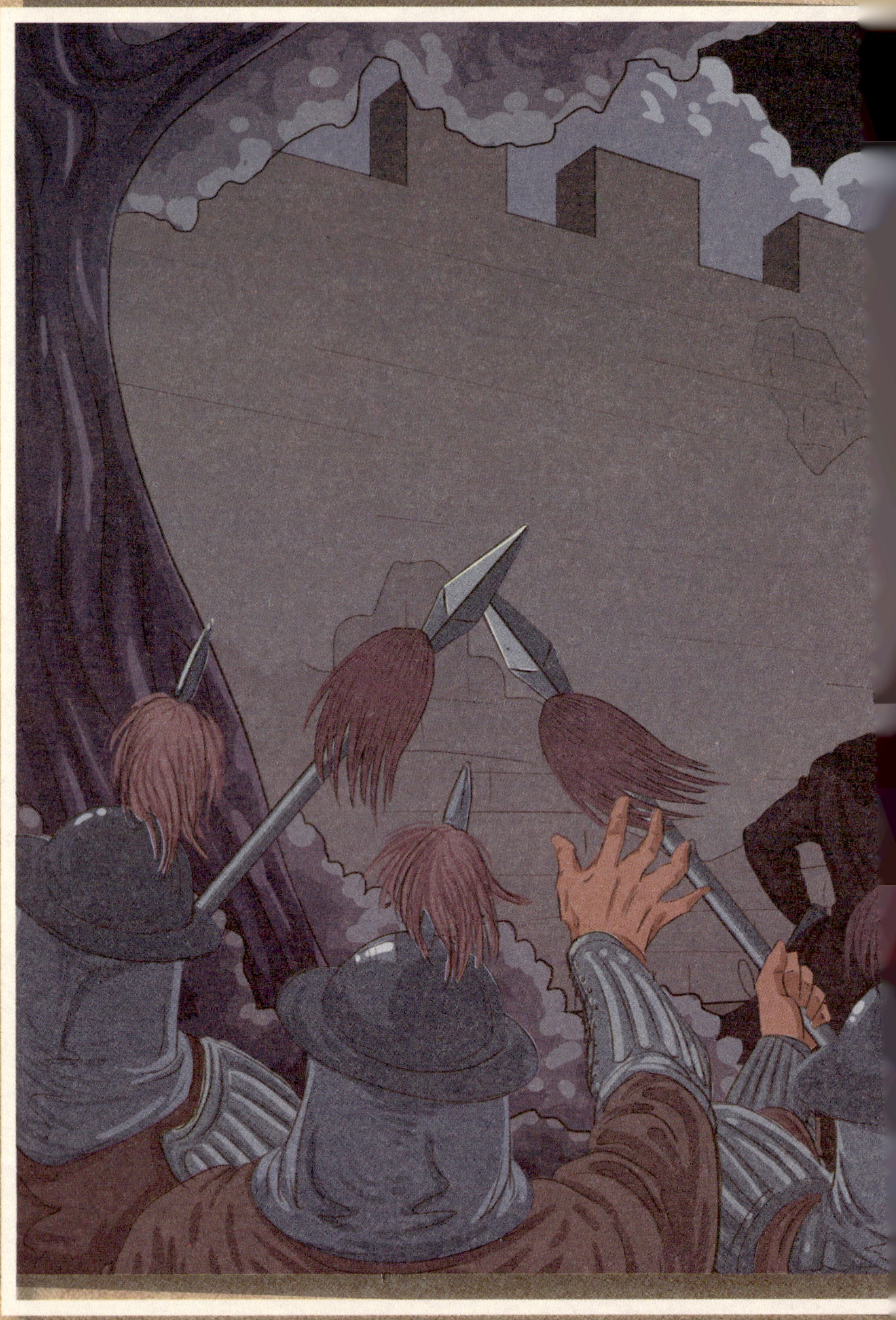

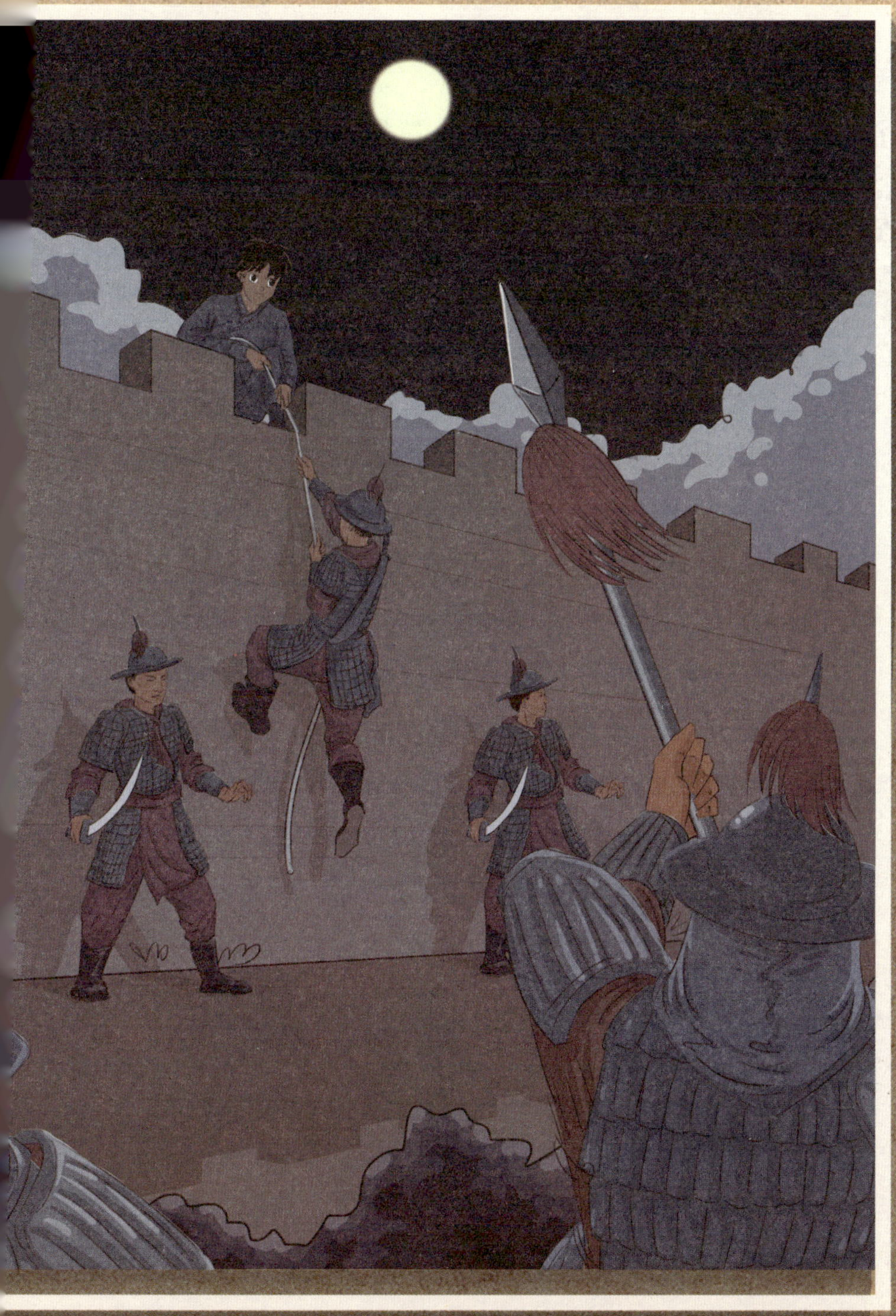

下集合。他把造船用的绳子一端系在瓮城的墙垛上,再把绳子另一端从瓮城上抛下。我们鱼贯而上,悄无声息登上了瓮城。

这时月已偏西,寒气更甚。我们丝毫不敢耽搁,开始穿越城墙,好在阻碍并不大,除了几个亚烈苦奈儿挑选剩下的老弱残兵之外,并没有别的警戒部队。只是临近正门城墙的时候,有一小股强壮善战的精锐部队负责看守城门,结果被我们各个击破。

我让子满在城头上点火,我带着士兵们去打开城门。城门内有几个老兵在偷偷饮酒,虽然还没有醉倒,但却东倒西歪,满嘴的胡话。我们轻松地搞定了他们,然后把城门打开。

这时候,子满也挥动火把,把火光传递到夜色笼罩下的城外。

不知道什么时候,月亮已经坠入大山,整个大地被黑暗所笼罩,密密匝匝,正是黎明前的浓黑。不过令人振奋的是——凝重的夜色中有火光涌动。

3

后来,我在记录这一战役时,曾这样写道:"破晓之时,王城俱寂，其人尚在睡梦之中，王师人屏息，束马衔枚，攻占要处，断其假王后路……假王回师，再败于途。"

康提王城被我们攻占的消息传到海上，郑和的脸上露出了久违的笑容，他知道船队之围解除了。亚烈苦奈儿却哭丧着脸，在他的皇家海盗船上一边咆哮怒骂，一边下达回师的命令，准备去抢夺被明军占领的王城。

结果在回来的途中，他们受阻于我们事先设置的路障，行军缓慢。解脱围困的郑和，立刻整兵在后追击，歼灭了亚烈苦奈儿的有生力量。当他的残兵败将来到康提城下时，悲哀地发现城墙上站满了明军。大明的龙旗猎猎飞扬，大明的士卒威武挺拔。

气急败坏的亚烈苦奈儿想再杀回海上，跟郑和决一死战。可郑和的追击给了他致命的打击，在距离王城不远的地方，双方展开了遭遇战。举措失度的亚烈苦奈儿一败涂地，他的海盗部队被明军消灭殆尽，他本人也被活捉。

随后，郑和率大军入驻康提王城。他并没有消灭锡兰国，而是帮助锡兰国去除了骄横跋扈的假王，还政于真正的国王。国王跪伏在郑和的脚下，表达着他的谢意和忠心，并发自肺腑地要跟大明交好，以至千秋万代。

安顿好国王后，郑和引领着道衍和尚，在国王的陪同

郑和布施锡兰山寺碑

它是海上丝绸之路的重要见证物，郑和在永乐七年（1409）第二次下西洋访问斯里兰卡（锡兰）时竖立。1911年，此碑在斯里兰卡南部港口城市加勒(Galle)的克里普斯(Cripps)路转弯口附近发现并出土。碑额前后两面都刻有二龙戏珠的浮雕，两角呈圆拱形。背面无字，光滑平整。石碑正面从右至左、从上至下分别有中文、泰米尔文、波斯文三种文字。

现藏于斯里兰卡科伦坡国家博物馆。

下，来到康提王城供奉佛牙舍利的佛寺进行朝拜。郑和献上圆瀞金粉楷书《妙法莲华经》，以及不可胜数的礼物。

为了纪念这场对亚烈苦奈儿的胜利作战，郑和特意让人在寺前立了一块石碑，上面写明了当时布施礼品的清单和对佛祖的赞颂，跟锡兰开战的缘由，以及战后如何安置国王和处置假王亚烈苦奈儿的种种情况。

据说，20世纪初，一位英国的工程师在斯里兰卡南部的城市加勒修路时，发现了这座载于明史的"布施锡兰山佛寺碑"。石碑上除中文外，还有波斯文和泰米尔文两种文字，分别表达了对伊斯兰教和印度教神祇的敬意，显示了郑和高超的外交智慧。

对于亚烈苦奈儿这个跋扈无礼的假王，郑和并没有对他诛之而后快，相反对他相当优待，把他押上宝船，跟随船队一起回到大明的京师。随着亚烈苦奈儿的入明，也宣告了郑和第三次下西洋的圆满归来。

最让人感到惬意的事情，莫过于在归国的船上，呷一口冰凉的甜酒，遥望海平线上的落日，以及缓缓出现的繁星，大海上的暮色最令人心旷神怡。

这次，我们"洪"字组立下了大功，郑和说到了京师要给我们请赏。可我们都觉得，赏不赏的有什么要紧，关键是我们几个在一起时的凝聚力和斗志永不磨灭。我们有一种相同的感觉——只要我们心在一处，凝聚成一股力量，就没有战胜不了的困难。

当我们举杯相庆的时候，每个人都是满面笑容。

子满指着头顶上的一颗亮星道："老哥，那就是你说的华盖星吧？它可以给我们导航吗？"

我摸了摸老弟的头，温柔地说道："老弟，那根本不是华盖星，华盖星没有这么亮，却比这个星光大。这颗是灯笼骨星，是我发现的可以代替北极星作为印度洋导航参照的新星！你看它像不像一个小灯笼在夜空中赫赫闪亮！"

大家都抬头望去，那颗星正努力闪耀着光芒，冲这些战斗归来的勇士抛出笑脸。

灼灼其华，灯笼在空。
赫赫其光，应我心中。
二月升龙，七月飞萤。
指我前路，伴我同行！

我低头吟诵着，望着海波在船侧翻滚跳跃，仿佛时光的舞蹈，一刻也不停地在生命中的乐章里跃动。

第11章

牛粪面膜

①

郑和带领我们第四次下西洋，已经是回来一年以后的事了。我们原本以为航海事业已经告终，因此当再次下西洋的圣旨颁下时，我们又一下子变得兴奋起来。

经过前几次的航海，我已经觉得自己的生命属于大海。陆地生活虽然平稳舒适，可冒险刺激的海上生活才更富张力，充满了不确定性和无限探索的可能性，何况还能大开眼界。

大明船队在东北季风的吹拂下顺利出航。"洪"字组在"洪"字号宝船上再次聚首，大家都早就期待着这次新的冒险。船队很快离开明朝海域，驶抵东南亚，丝毫不费力地穿越马六甲海峡，驶向印度洋。一路上经过几次补给，接受了几个国家的盛情款待，帮助苏门答腊平定了一些小的内乱，然后顺利在锡兰下锚，为更远的航行进行补给。船队补充了食物和淡水之后，便向波斯湾进发。

这次出航，宝船上装满了贵重物品，其中有堪称大明国宝的青花瓷，尤其是其中两件瓷器——青花海水纹香炉和青花园景花卉纹盘，乃是大明最有名的能工巧匠，参照了郑和三次航海所带回来的海洋风格的纹饰烧制而成，既有大明天朝上国的威严，又有西洋远海绝域殊方的风格，属于绝世罕见的珍品。郑和要把这些瓷器带到波斯湾去，跟那些海湾国家进行贸易。

船队离开锡兰，几天的航程就抵达了一个新的国度——柯枝国。这个国家很有趣，国人被划分为五个等级：一等人称为南昆，都是王公贵族；二等人称为回回（当地语言音译），都是有身份地位的富商；三等人称为哲地，都是有钱的大财主；四等人称为革全，属于牙人、保人等阶层；五等人称为木瓜，乃是低贱之人。木瓜通常在海滨居住，房檐高不过三尺，高者有罪。他们穿的衣服上不过脐，下不过膝，在路上如果遇到南昆、回回、哲地，就要拜伏在地。

青花海水纹香炉

　　青花海水纹香炉，明永乐年间瓷器，高55.5厘米，口径37.3厘米，足距38厘米。

　　炉阔口，短颈，鼓腹，下承以三象腿形足，肩部置两朝天耳。内施白釉，外壁通体绘海水江崖纹，纹饰寓意江山永固。能够烧造如此有气魄、纹饰如此精美的瓷器，反映出当时景德镇窑工高超的制瓷技艺。

　　现藏于北京故宫博物院。

青花园景花卉纹盘

青花园景花卉纹盘，明永乐年间瓷器，高9.2厘米，口径63厘米，足径48.6厘米。

盘敞口，弧壁，圈足。通体青花装饰。

内底绘园景图：坡地、山石、花草，下有流水，上有浮云。里外壁均绘8组花草。

值得一提的是，这种盘子体型大、厚度也比当时的其他瓷器厚很多，国内极少见到，反而在伊朗和土耳其的博物馆里能看到相似的藏品。这是由于一些中亚、西亚国家有用大盘盛手抓饭的习惯，所以这类大型瓷盘应该是为他们特制的餐具。除此之外此器的纹饰风格与永乐瓷器的总体装饰风格保持一致，布局疏朗明快，映目清新。

现藏于北京故宫博物院。

我吓唬子满道："你要是不听话,我就让你留在柯枝国当木瓜!"

子满嘟囔着道："老哥,你可真够狠的!"

我打趣道："子满,别怕,你看木瓜们穿的衣服多凉快啊,浑身上下都是高贵的古铜色,你可知道这是许多健美人士梦寐以求的肤色呢!"

童药师突然问了一句:"什么叫健美人士?"

我一下子被问住了,寻思着要想跟一个明代的老中医解释清楚"健美"这个词,还真是一件耗费脑细胞的事。就在这个时候,有个当地的木瓜嚷了一嗓子,差点儿没把我们吓死。

我们赶紧问马大翻译:"这家伙吼什么?"

马欢也愣住了,琢磨了一会儿才说:"他说牛来了,快让开!"

果然,一只通体装饰金贵的牛奔了过来,冲进我们正在逍遥闲逛的港口集市。这只牛的装扮就跟南昆和哲地人一样高高在上,到了集市之上,东嗅西闻,横冲直撞,无人敢管。不但如此,那些买卖人还纷纷把好吃的、好用的都贡献出来,甚至纷纷到牛面前跪倒礼拜。

子满大为吃惊:"不如我在这里做头牛好了,比木瓜要

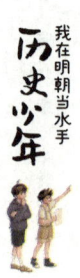

拉风多了!"

原来柯枝国最是尊崇牛和象,见到了它们,就跟见到了神一般。

距离柯枝国航程不远的便是古里国。古里国跟柯枝国一样,国人也分为五等,只是以回回居首,也有木瓜负责干那些脏活、累活。

船队停靠在古里国的港口,我们上岸进行补给,住到一家客栈里,准备明天好好逛一下。到了晚上睡觉的时候,海风吹进客栈,使得整个屋子都清爽无比。我跟子满住在一个屋子里。子满很快就在海风的抚摸下和温存的海浪声中入梦,我却不舍得这份惬意,久久不愿睡去。

就在我无限遐想之际,忽听见子满狠劲儿地蹬被子,一边蹬还一边喊:"我不要当木瓜!我不要当木瓜!"

我忍不住笑出声来。

2

翌日清晨,当红日尚未跃出海平面,只是一片红霞喷薄欲出之际,我就将子满唤醒。这个家伙最喜欢睡懒觉了,怎么叫也不起床。没办法,我只好爬到他的耳边,喊了一嗓子："起床了，木瓜！"

这招还真好使。子满在惊愕中爬了起来。很快我们俩就来到大街上。谁知还有比我们起得更早的，童大叔和马大翻译早就在街头溜达，等着我们呢。

聚到一起，我问马大翻译："洪组长呢？"

马欢道："天不亮就被郑总督叫到大明号上去了。"

一般情况下郑和是不下宝船的，除非有紧急情况。我们也见怪不怪。组长不在，我们更加恣意快活，无所顾忌。

我放眼望去，只见这个港口其实是一个石头修筑的小城，石头屋子、石头店铺、石头酒馆……如果从高处或远处望去，就好像将一堆石头堆在一片广袤的沙地上，里面人声喧哗，热闹非常。

石头铺就的街道有水泼过的痕迹，一定是黎明时分，辛勤的木瓜进行了清扫工作。

别看时间尚早，街上已经就挤满了人，有买的，有卖的，有跑的，有跳的，有喊的，有叫的。我们的心情好极了。我们扎进人群，跟这些爱好和平的当地人一起分享逍遥早市的快乐。

刚开始一个摊位一个摊位地逛，有好吃的、好喝的、好穿的、好玩的，我们统统买下，很快我们的钱包就瘪了。

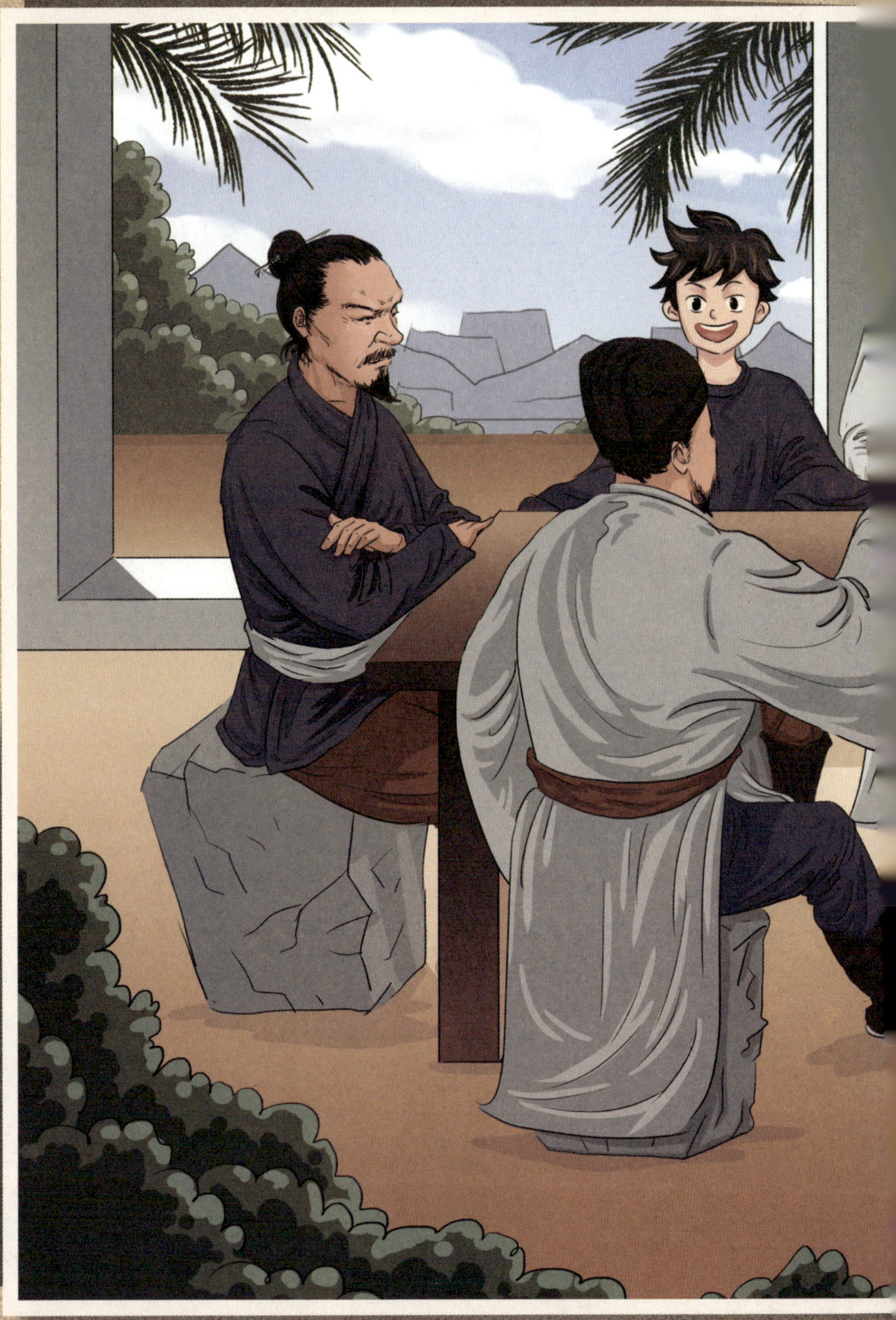

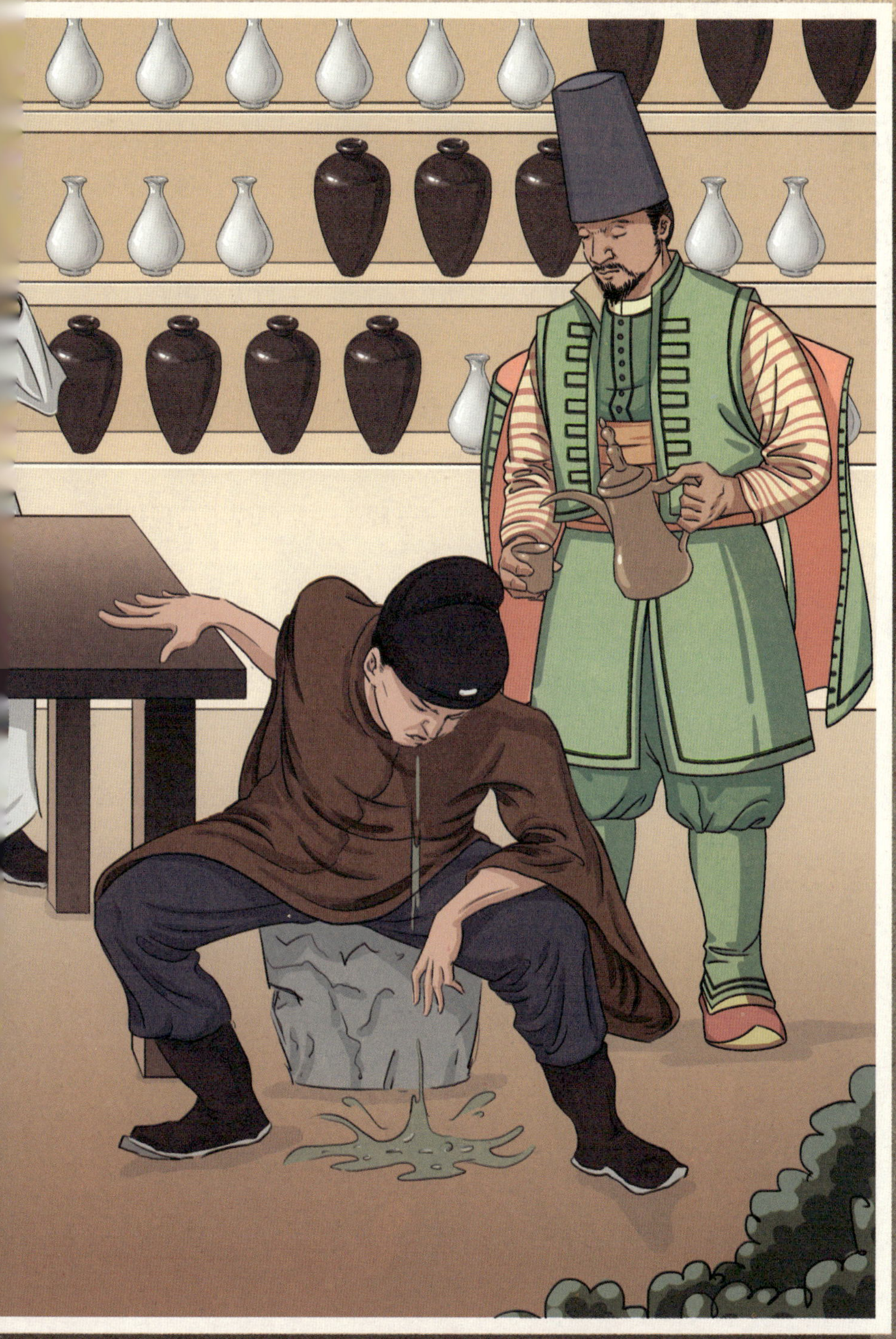

后来我们一合计,钱要是这么花下去,把"洪"字号宝船卖了也不够我们这么疯狂消费的,我们得节制一些,拣人多的地方逛逛就得了,不能每个摊位、每个铺面都去。

这时,忽见一棵又高又大的树下聚着一群人,里面有个人在声嘶力竭地叫卖。

马大翻译同声传译:"快来买!快来买!有史以来最美白的面膜!无效退款,假一赔万!"

我跟子满面面相觑:"面——膜——?面膜不是现代产品吗?怎么古代就有了?"

童大叔更加迷惑:"什么叫面膜?"

我简单地给他描绘:"就是一种用药物或矿物质做成的膜,把它敷到脸上,起养颜美容的效果。"

童大叔点点头:"这也不算稀奇,中医里面也有,不过不叫面膜。我们的草药膜可以敷全身的!比只敷脸的强多了。"

我们挤进去仔细观看,原来是三个人在卖面膜。一个负责叫卖,两个负责表演如何敷面膜。他们卖的这种面膜真是让我大开眼界。现代的面膜一般是密封在包装袋里,用的时候拿出来,湿漉漉的,往脸上一敷,过段时间揭下来即可。他们的可不是这样。他们的面膜是干燥的球状物,用的时候掰一块下来，用火点燃。那面膜迅速燃烧直至烧成灰。然后把灰用水泡了，再抹到脸上。抹完以后脸上黑黑的，感觉怪怪的，尤其是那味道更让人无法接受。

只见那人喊完，人们纷纷掏钱抢着买。我们互相看了一眼，意思是——也别闲着了，来都来了，捧捧场吧。我们几乎使出了吃奶的劲儿，终于每人抢到了一块面膜。挤出人群，找了一家干净的小酒馆，点了烤肉和酒水。

等了一会儿，小二也把酒肉端上来。他见我们这副样子，竖起大拇指，叽里咕噜说了好一阵子。

马大翻译听了，脸上先是一阵高兴，接着就有点儿懊恼，后来简直成了沮丧，最后竟然忍不住呕吐起来。我们赶紧问这个小二说了什么。

马欢吐了半天才说道："你们可得挺住了，这简直是晴天霹雳啊！"

我们觉得要出大事："赶紧说吧，你就别卖关子了！"

马欢长吸了一口气："这面膜是牛粪做的！小二告诉我，这种面膜是把干牛粪研成细末，然后用浆水混成球状，里面夹杂一种当地的矿物细料，用的时候用水化开，再涂到脸上，据说能够消皱纹去死皮……也就是说，咱们敷在脸上的都是牛粪！！哎哟——不行——我还得吐一会儿！"

被他这么一说，什么烤肉、甜酒都没心情享受了，我们互相扳着肩头，挨着马欢一字排开，一起猛吐起来。

直到那一刻，我才深刻领会到，把肠子吐出来是一种什么感觉。

3

后来我才知道，古里国人不但用牛粪敷脸，还用牛粪涂墙和粉刷寺庙，可见他们爱屋及乌，不仅尊崇牛，还将牛粪都尊成了圣物。

等回到海上继续往西航行的时候，我们还饶有兴趣地回味古里国之行。当我们望着一桌子的中华美食，脑海里却突然闪现出我们脸上涂满牛粪面膜的画面，还是会让我们忍不住吐上一阵。

船队转向西南，逐渐远离了南亚次大陆的边缘，朝赤道的方向驶去。如果说马六甲海域海岛林立的话，那么在印度洋的这段航行则连半个岛屿也望不见。

我们头一次生出一种强烈的意愿——老天啊，能不能赐给我们一个岛屿，让我们缓解一下视觉疲劳。到处都是海水，连天空都是海水的颜色，一连航行十几天，景色一成不变，谁受得了啊！

　　我没事儿就躺在甲板的竹椅上闭目养神，可我老弟子满闲不住，一会儿上来，一会儿下去，一会儿发扬他研学甲骨文的精神，跟马欢学习西洋诸国语言，一会儿跑去童药师身边，死乞白赖地让人家教他中医学和草药学。童药师倒是想把他一身本领教给子满，可惜子满只有三分钟热度。

　　那一日，我正躺着，子满忽然喊了一声："老哥，快看，岛！"

　　我一骨碌爬起身来，抬头观望——果然，一大片的岛屿映入眼帘。我不由叹道："好家伙，没有的时候一个都没有，有了就是一片，真是令人想不到！"

　　船队朝着群岛方向驶去，在近海抛锚。我们下了宝船，划着几只小艇靠岸。我们登岸的地方恰巧有两块巨大的岩石，中间以石梁相连，如同一道石拱门。我们驶船从石拱门中穿过，没多远就可以泊舟登岸了。

我们在岸上走了一阵，发现这个岛国，每个岛屿都不太大，并没有什么宏伟的建筑，居民大都在岛上巨大的山岩下聚居，彼此之间隔着水道，互不统属，往来需要乘坐小舟。他们的小舟非常简易，不是凿空了树干的独木舟，就是比其略显精美的用木板拼接而成、上面带有挡雨板的小船。

当地人管这些隔开各个岛屿的水道叫溜，并称大溜有八处，小溜三千多处。大溜如同海峡一般，能够通过排水量大的商船，而小溜狭窄，有的只能通过当地人的小独木舟。大溜各有其名：一曰沙溜，二曰人不知溜，三曰起泉溜，四曰麻里奇溜，五曰加半年溜，六曰加加溜，七曰安都里溜，八曰官瑞溜。小溜也称为弱水三千，颇有诗意。

这里的居民显然未加开化。他们住的地方，讲究点儿的有个窝棚，可避风雨；不讲究的，就在岩石上凿个洞，巢居穴处，如同原始人一般。这些岛民不识米谷，只捕鱼虾而食；不屑穿衣，只用树皮把前后挡住，并不以裸露身体为耻。

马欢突然道："你看看这些岛民，真是辜负了'弱水三千'这个富有诗意的名字。"

我也喃喃自语："是啊，要是曹雪芹看到弱水三千的真面目，他也不会在《红楼梦》里说'弱水三千，只取一瓢饮了'，估计连饮的冲动都不会有，就跟咱们敷了牛粪面膜一样。"

子满很是不赞同我的观点："不敢苟同！这种原始民风，这种纯天然的气息，要是换到现代，不知要成为多少网红的打卡地儿呢！"

马欢听晕了："曹雪芹、《红楼梦》、网红、打卡……你们哥儿俩是不是晕船了？说的什么胡话！"

我们赶紧岔开话题，雇了一只小船，往别的岛屿划去。在船上，我跟子满说："老弟，我敢打包票，这个地方一定就是马尔代夫，你瞧瞧那个石梁就知道了。"

子满盯着石梁看了一会儿，歪着脑袋说："老哥，你这么一说，我看着还真挺眼熟的。"

我提醒他道："老妈去印度洋旅游，带回许多照片，其中有一张就是在这个石梁下照的。"

子满雀跃起来："想起来了，真是的！老哥，难道咱们真到了马尔代夫？"

"那还用说！这是名副其实初始状态的马尔代夫，比老妈去的那个严重商业化的马尔代夫强上一万倍！我们这一趟算是来着了，回去有跟老妈炫耀的资本了！"我不无得意地说道。

第12章 大元青花

①

  大明船队在离开溜山国后,直指西北,航向波斯湾。
  据说波斯湾有个忽鲁谟斯国,爱好贸易往来,是个富庶之地,这次出航的主要目的地就是忽鲁谟斯,为此宝船上载满了大明盛产的青花瓷。

说起来，青花瓷并非明朝特产，早在唐宋时期就有了这种工艺的雏形，到了元朝才臻于完备，成为一种独特而又兼具高尚审美情趣的工艺品。到了大明，青花瓷不但受到国内主流社会的推崇，更是远销海外，成为大明对外贸易创汇最多的商品。

据《明会典》记载，外贸中青花瓷价格昂贵，"青花白瓷盘每个五百贯，碗每个三百贯，瓶每个五百贯，酒海每个一千五百贯"。即便是这样，它仍受到海外诸国贵族的青睐，以至形成了极其可观的海外市场，从而刺激国内的生产。

郑和几次下西洋，推销青花瓷乃是其重中之重的任务。忽鲁谟斯在阿拉伯世界中举足轻重，王公贵族非常富有，人口也足够多，因此成了郑和打开整个阿拉伯世界的一个窗口。

关于青花瓷，我要多说几句。我记得老爸带我参加过一个展览，展出的都是散落于海外的明朝宣德年间的青花瓷器，当时感到十分震撼。为此，我对青花瓷的历史做了一次细致的功课，不妨在这里做个分享。

瓷器的历史，有浩如烟海的资料，在此我就不再赘述了。

青花瓷可以说是瓷器里的贵族,用句现代时髦的网络用语来说,青花瓷是瓷器中的"白富美"。而且不是装的,而是切切实实的白富美,尤其是"白"。

大多数瓷器都是由含有铁元素的瓷土烧制而成的,铁元素经由高温煅烧,可以呈现出超乎想象的多种颜色,但遗憾的是,唯独无法烧制出白色来。唐代以前,即便是产于景德镇的高岭土也烧制不出纯白的瓷器。越是稀缺越是珍贵,因此拥有白瓷成了一种奢求。

到了唐代,烤瓷技艺进一步改进,工匠们经过筛选、提纯等一系列工序,终于将瓷土中的铁含量降到极低的程度,近乎纯白的瓷器才得以问世。

我为什么要一而再再而三地谈论白瓷呢?那是因为烧制青花瓷所需的坯体要求必须是纯白色,而且釉面要求透明。如果透明度不够,会导致白坯上如同蒙了一层污浊的油脂,大大影响釉面下彩绘的效果。

感谢唐朝那些能工巧匠把瓷土中铁含量降低到 0.75% 以下,从而烧制出"如银类雪"的透明釉面。这种釉面看着够白,还泛起淡淡的青色。如此富有诗意的釉面,怎么能缺了丹青圣手的杰作?于是古人在纯白的坯体和透明的釉面上进行美学加工处理。方式有两种:一种是雕刻花纹,增加白瓷的艺术美感；另一种就是用黑色颜料进行彩绘，增加各式图样。如此一来，美是有了，但美得还不够。雕刻花纹的白瓷，视觉冲击效果不够强；普通的黑色颜料色彩不够绚烂，白搭了白瓷的剔透晶莹。总而言之，不够震撼！

那么，究竟是到了什么时候，那抹让人叹为观止的"青花"才成为这种白瓷的"代言人"的呢？

唐朝后期，南方的越窑生产青瓷，北方的邢窑生产白瓷，形成了"南青北白"的格局，不过唐人更喜欢青瓷温润如玉的质感，认为"白不如青"。陆龟蒙曾经有诗：

九秋风露越窑开，夺得千峰翠色来。
好向中宵盛沆瀣，共嵇中散斗遗杯。

千峰翠色成了青瓷拔得头筹的见证。到了元代，这种情况发生了掉转，白瓷取代了青瓷，成为当时人们的最爱。那些生活在泉州的外国商团，把他们喜爱的波斯样式介绍给元朝匠人，还把产自波斯的一种矿物颜料——钴蓝，传到了中国。

钴蓝是青花瓷得以成型的关键元素。它含铁量非常高，发色稳定，且锰含量又高，使得青花瓷青翠浓艳，带有银光，摄人心魄；再用中国山水笔墨的线条美感去调绘饱含异域色彩的波斯图样，使得青花瓷充满着韵律之美和灵动之感。

试想，那些雕刻着缠枝莲纹、莲花瓣纹、卷草纹、"S"形纹和回纹等波斯纹样的瓷器，被一种称为钴蓝的颜料渲染，纵横交错于华夏与波斯两种不同的审美情趣当中，造就了一种风华绝代的杰作，惊艳世人！

青花瓷诞生后，成了元朝人外贸的重头戏，极大地推动了东方生活方式向西方的传播。

到了明初，因为战乱不断，元朝遗留的波斯钴蓝所剩无几。明朝匠人不得已使用中国自产的钴料，使青花瓷的水准大为降低。

郑和这次航海，最重要的任务就是寻找新的钴蓝供应商。

2

当我分享完了自己的所学，船队也在忽鲁谟斯的口岸下锚。

一边往岸上走，马欢一边用佩服的语气说："子六，真有你的，功课做得很仔细，我读了那么多书，也不知道这青花瓷有这么多的故事。原来自古就有青花瓷，而且元朝就用了外国的原料。"

我补充道："这种波斯钴蓝又被称为'高铁低锰料'，优于咱们自产的呢。"

子满问道："老哥，这个忽鲁谟斯国是哪个国家？听着怎么这么耳熟呢？"

我故意慢走几步，单独告诉子满："你小子这么问问题，不怕惹人猜疑吗？这个忽鲁谟斯国在现代不是一个国家，而是城镇，它的旁边，就是全世界都在聚焦的海峡——霍尔木兹海峡。全世界的油船都要从此经过，堪称全世界的咽喉要地！"

子满咕哝道："忽鲁谟斯，霍尔木兹，忽鲁谟斯，霍尔木兹……别说，还挺像！"

幸亏我们哥儿俩说话的声音很小，要不然又要引起不必要的疑问了。

说话间我们登了岸。距离

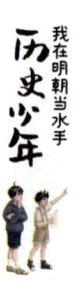

海岸不远就有一个大集市,是专门供来往海陆客商进行贸易的。这次郑和也从大明号上下来,亲自带队到集市上参观。早有船队的人把大明产的青花瓷搬到岸上,再小心翼翼地运到集市上,罗列得整齐有序。

郑和把油伞支到青花瓷器摊位的旁边,气定神闲地坐下。洪保带着我们几个人在周围侍立。

来往客商如云,彼此摩肩接踵。青花瓷惹来不少人驻足,把摊位围得里三层外三层。这可忙坏了马大翻译,他东一句西一句,回答各种问题。我就发现,好多人问过价钱以后就叹息着走开,显然是这些青花瓷价格太昂贵了。

日头偏西的时候,才卖出去几个盘子。货是好货,但缺乏有实力的买主。不过我们倒觉得无所谓,反正这些瓷器也不是卖给普通人的。

在夕阳的余晖中,鼎沸的人声和海潮声相映成趣,猛烈的海风吹动人们的衣襟,夜晚很快来临,但人潮并没有退去的意思,我们十分诧异。等晚霞完全消失后,突然又响起一阵钟声,我们就见集市上每隔几米就燃起一股巨火,把整个集市照得通亮。

原来这里有着悠久的夜市传统,每隔几米就有一个装满煤油的大锅,里面浸着粗麻拧成的灯芯。等天一黑,就点

燃灯捻，几十个巨大的油灯把集市照得如同白昼。他们所用的煤油也是当地所产，也就是现在的石油。

我们一看，索性也不收摊了，继续卖吧。

就在这时，来了一伙人，都是王公贵族打扮，穿金戴银的。他们穿越人群，径直停到瓷器摊前，好像专为瓷器而来。他们围拢过来，好一阵叽叽呱呱，有的挥舞臂膀，有的唾沫横飞，好像在激烈争吵。我们大为不解，忙问马大翻译："这些人吵吵什么呢？"

马欢道："他们说好久没看到东方的青花瓷了，喜爱得不得了，可是却跟他们祖上买的瓷器不一样，因此在这儿吵闹不休。"

闭目养神的郑和听了，忽然睁开眼睛，问道："哪里不一样？详细问问他！"

马欢问了，回道："他们嘟嘟囔囔也说不明白，只说是色泽上不明亮，尤其是蓝得不漂亮，像罩了一层纱。不如他们祖上传下来的亮，花纹也显得呆板。"

我们都惊诧："蓝得不漂亮是啥意思？"

郑和表情严肃："就是矿物颜料不行，整不出大元青花那种让人心动的蓝。他们祖上买的瓷器应该是元朝的，问他们手头还有吗？"

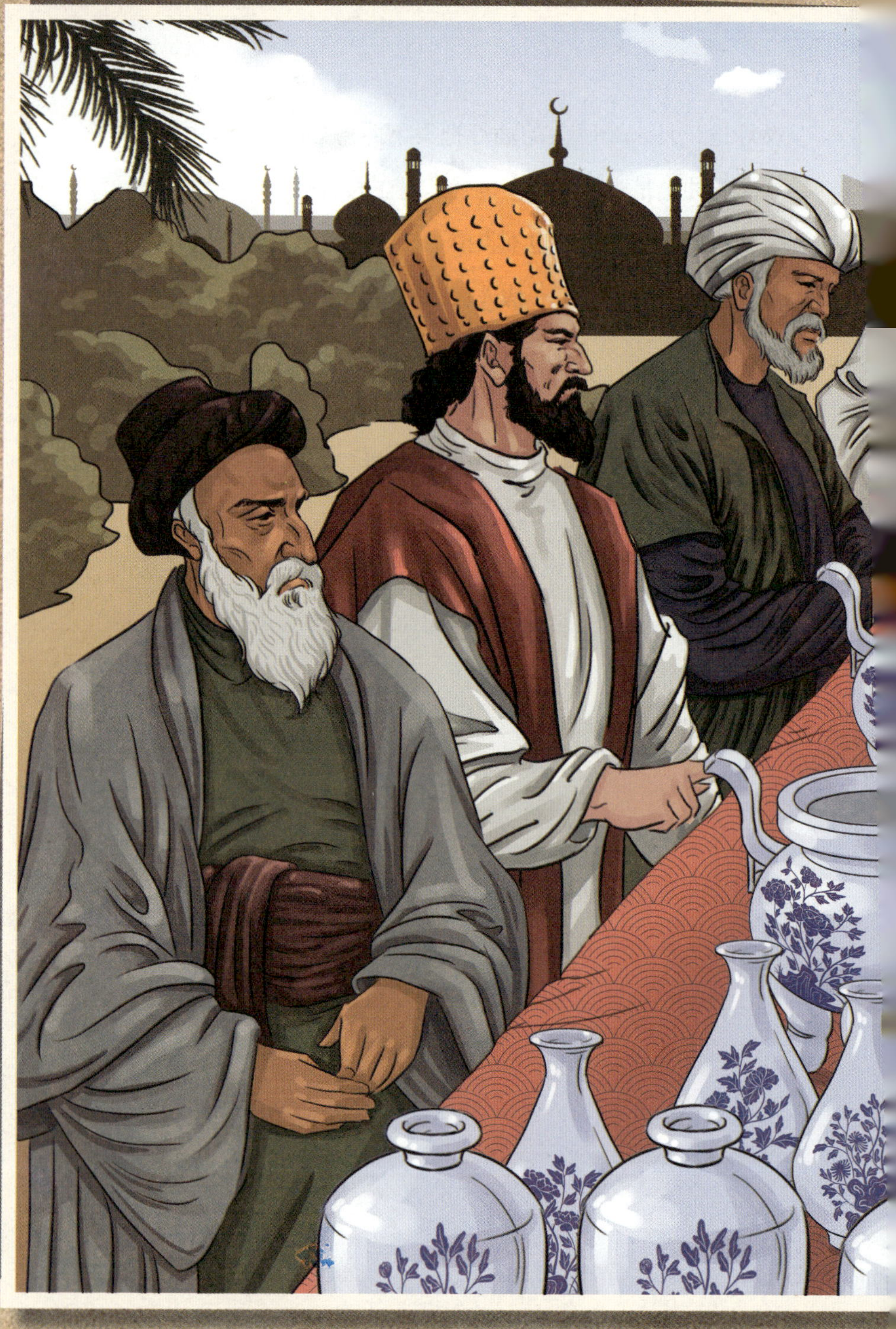

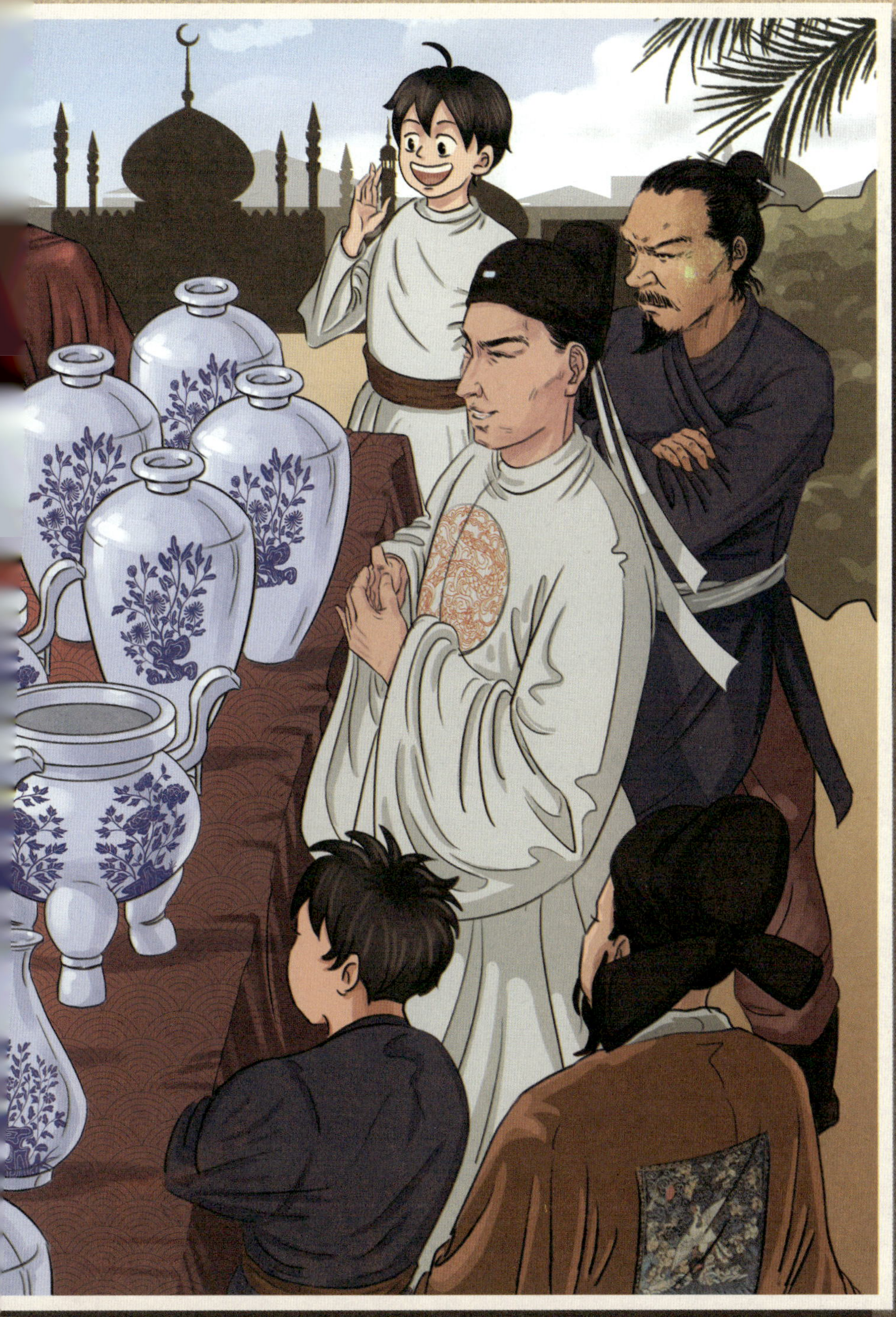

马欢回道:"他们说保存得好得很,是传家宝。"

"可否去他们家里看看?"郑和问。

马欢过去跟着几个王公贵族叽咕了一阵,回来显得有点儿为难似的说道:"他们说去看也不是不可以,但有个条件。"

郑和眉毛一扬:"什么条件,尽管提。"

马欢道:"他们说要以低价购买这些青花瓷,大的100第纳尔,小的50个第纳尔,全部买下。"第纳尔是忽鲁谟斯国的货币。

洪保厉声道:"他们是不是知道总督想找波斯钴蓝的产地,从而想趁火打劫?大的瓷器造价折合成他们的第纳尔都超过数千了,他们可真是敢狮子大开口!"

童大叔咬牙道:"宁肯砸了也不卖给他们!"

郑和一摆手,让马欢告诉那些人——成交!让他们派出代表跟他签约。

那些人当中有个用织锦缠着头的贵族,名为默罕默德,被他们推举出来作为代表,跟郑和进行交易。

郑和告诉他:"大明的青花瓷只象征性地收些费用就可以卖给你们,但你们需要答应我一件事,那就是让我们见识一下你们祖传的瓷器!"

默罕默德显然是捡了个大便宜，欣然答应。

3

原来，这个默罕默德是忽鲁谟斯国世袭亲王一族，在忽鲁谟斯国地位显赫。

郑和挑了"地"字号和"洪"字号两个宝船的头组——就是各个宝船上由他的亲信太监统领的工作组，比如说我们"洪"字组——跟随他一起去默罕默德家里。

默罕默德在前面带路，此时夜色已深，快接近三更时分了。拐了几个弯，远离了集市。喧嚣声不再，只剩下睡梦中的大海掀起的海浪在拍击着海滩。好在这个港口的每条街道都点着油灯，就像现代都市里的路灯一样，让夜行的人不会感到害怕。

走了一段路，便听见一阵阵喝彩之声。我们纳闷，夜都这么深了，还有人家彻夜狂欢吗？

默罕默德脸上浮着笑："大家不要奇怪，家父晚上睡不着觉，喜欢看杂耍。"

我们这才知道前面那座夜色中犹显露出不凡气象的宅邸就是默罕默德亲王府，半夜三更了还灯火通明，人声鼎沸。

默罕默德领我们进了门,引到表演杂耍的舞台下面,让我们稍事休息,他去禀告他的父亲。

我们正好开开眼界,就见这是个石头砌就的大戏台子,上面遮着帷幕,幕布下面正在表演。正前面有一个石头亭子,铺得花团锦簇,摆满了各种好吃的、好看的玩意儿,有几个花枝招展的侍女正忙前忙后地应酬,中间的宽大座椅上坐着一位老者,须发皆白,围巾缠头,正在饶有兴致地观看表演。甭说,这就是默罕默德老亲王了。

再往台上看,更加吸引我们的眼球,原来是一只羊在表演杂技。只见台子中央竖着一根木杆,有一丈多长,碗口粗细。有两个赤膊之人扶住木杆,其中一个人正牵着一只羊,让羊往木杆上爬。那人一边鞭打小羊,一边念念有词,好像在念某种咒语。那只羊随着咒语起舞,非常合拍。它先是来到杆前,用两只前蹄搭在杆上,随即两只后蹄一个纵跃,眨眼之间,四蹄俱已立在杆子上,动作完成得洒脱漂亮。接着另外一人将另一根杆子竖起,羊扬起前蹄搭住,然后再把后蹄纵起。如此,这只比猴子还要灵活百倍的小羊在两根立木之间跳跃舞蹈，如履平地。那两个人频繁地把两根木杆移来移去，羊忽左忽右，忽前忽后，四蹄始终不离杆顶，动作非常优雅。

等羊跳罢了舞，四蹄全都立于一根木杆之上。那人突然把杆一推，羊倏然而落，早有一人伸手将其接住，放在地上，而那小羊随即做假死状。其中一人用巾帕蒙住羊脸，然后邀请台下一名观众，上台敲击羊头一次，然后速速回到台下坐定。之后，那人揭开巾帕，小羊竟然跃下戏台，在观众席中一下子便找出方才敲击自己之人，用嘴啮住那人衣角，牵到众人面前，至此算是表演完毕。

看了一场，童药师道："我看过耍猴的，还真没看过耍羊的。"

马欢笑道："这才叫天下之大，无奇不有！"

郑和也笑了："这算什么，将来恐怕还有更让人称奇的呢！"

正闲聊着，默罕默德过来请我们了。我们跟随他来到亲王府的会客厅，当真好气派。坐

等片刻，有人端上茶来。郑和接过来喝了一口，叹道："竟是我华夏武夷山岩茶，看来中西交往历史悠久啊，我们这代人不能让这条友好之路中断了。"

不一会儿，老亲王在默罕默德的搀扶下出来见客。彼此寒暄了一番。老亲王便吩咐道："把大元青花瓷小心地抬过来。"

一件熠熠生辉的元青花瓷搬进来后，放置在客厅的中央。我们围拢过来，睁大了眼睛仔细观看。许久，郑和问洪保："你看如何？"

洪保字斟句酌："恕我直言，果真比咱们的强。你看这釉体呈现的绚烂通透的靛蓝色调，光泽由内向外迸发，纹理中浓重处有松烟墨色的结晶斑，浅淡处焕发紫罗兰色呈星状点滴的晕散。确实是佳品！"

郑和满意地点点头："果然有长进了。你说到了关键的一点——晕散。晕散是指液体落在纸上向四面散开或渗透的情状，也即俗语所说的'洇'。你们可知道，晕散是青花瓷的主要特征。而且晕散是波斯钴蓝所特有的，只有用了波斯钴蓝的青花瓷，才会出现晕散，否则就不会出现晕散。这是对元青花瓷非常重要的判断标准。"

郑和围着元青花瓷缓慢地转着圈，嘴里不住地发出啧啧声:"真是好啊,太棒了!"他自言自语,完全沉浸此刻的艺术审美中,"发色蓝艳,晶莹亮丽,仿佛镶嵌于釉下的蓝宝石,熠熠闪光,并呈现出明显的紫罗兰色;晕散明显,诗意荡漾,令人喜爱!"

老亲王赞赏地望着郑和道:"足下算是识家了!"又看了看明青花瓷,"你们这些青花比起我家的来,差距不小。我也老了,久不见中国的商船来我们这儿,好的瓷器也不多见了。"

郑和就把中国的情况跟老亲王说了。

老亲王叹道:"时移世易,原来大元已经亡了。这大明朝要跟我国交好,当真是求之不得。我对中华瓷器,当真爱得不得了。想当年,我身为忽鲁谟斯国宰辅,专门负责接待中国商队。"

在席上,郑和跟老亲王谈起青花瓷。他说:"大明青花瓷的不足之处,正是缺乏贵地所产的波斯钴料。大明产的钴料无论如何也出不来元青花这样的成色。"

老亲王一笑:"你们哪里知道?当初大元所进口的那种钴料已经告罄了。不过你们不要沮丧,现在有一个叫苏麻离的地方,特产一种钴料,比当初的波斯钴料还要好,不信,你可以买一点儿回去试验。我们管这种颜料叫苏麻离青。可惜，我们国家缺乏大明那样的能工巧匠，烧不出惊世艳俗的青花瓷，有苏麻离青也是白搭！"

郑和求之不得："老亲王，要是能允许我进口苏麻离青，我保证下次我再来贵国的时候，一定再次为你奉上更胜元青花一筹的大明青花瓷！"

老亲王慷慨地说："好说，好说，明天让默罕默德带上我的手令，带你们到那儿去看看！"

第13章

瑞兽麒麟

①

后来我们才知道,老亲王所说的地方,远在伊拉克境内,离忽鲁谟斯国还有相当远的距离。不过,郑和为了烧制出超越大元的青花瓷,无论付出多大代价都要找到苏麻离青。

在默罕默德的引领下,我们跋山涉水来到苏麻离青产地,跟当地供应商谈妥了进口协议。他们一听是东方大国要持续进口他们的矿料,高兴得简直如同久旱逢甘霖。原来这些苏麻离青只对青花瓷有至关重要的作用,在当时无其他用途,因此"出口创汇"的机会并不多。当郑和告诉他们大明要大量持续进口的时候,他们就知道,这是财神爷到了,因此把我们奉为上宾,招待得无微不至。

谈妥了苏麻离青进口的事,船队又开始了新的征程。郑和决定让装满苏麻离青的船只先行返航,而他则带领其余船只继续向陌生的海域进发。

我和子满站在甲板上,海风吹动着我们的衣襟,不由得使人豪情万丈。我看了看周围就我们哥儿俩在,便跟子满说:"老弟,你知道这是哪里吗?这就是有名的亚丁湾,咱们在新闻里不总是听到中国的舰队在这里护航吗?原来郑和的船队在六百多年前就曾到达过这片海域!"

子满也充满了自豪:"郑和真是伟大啊,不仅懂军事、懂博物、懂艺术,还懂航海,真是个奇才,难怪永乐皇帝这么信任他了。"

我点头,对老弟的话表示赞同:"永乐皇帝跟他也算是君臣相知,风云际会,让中国人在世界航海史上留下浓墨重彩的一笔。其实,正如忽鲁谟斯国那位老亲王所说,元朝时我们也是个航海大国,很多航道早在郑和下西洋之前都已开辟好了。郑和也是站在了前人的肩膀上,才创造了新的辉煌。"

子满自信满满:"将来我也要去航海,为中国的航海事业增光！"

我奇怪地看着他："你现在不就在航海吗？"

子满愣了一下，笑道："也是，不过我现在是给大明航海，我说的是回到现代之后，我要给中国航海，像那些在亚丁湾护航的中国海军一样！"

我挑了挑大拇指："好样的，哥支持你！"

船队乘风破浪而行，从西北转向东南，掠过亚丁湾，转过非洲大陆的岬角，沿着非洲大陆的东部边缘，浩浩荡荡地向南航行。

我曾一度在船上遐想，如果再晚个几十年，郑和的船队应该能跟绕过好望角的欧洲船队在非洲海岸相遇，那将是怎样一场伟大的邂逅啊。

我脑海里甚至浮现出欧洲船队看到庞大的明朝船队时露出的惊愕和叹服的表情。他们从来没见过这么大的宝船，也从未见识过如此庞大的船队。郑和船队的庞大在当时的世界绝无仅有，而且比世界大航海时代的到来早了几十年，这是一份荣光。

大明船队在非洲东部

海岸游弋，然后选择停靠在一个叫作木骨都束的港口城市进行补给。木骨都束这个名字，恐怕很多人感到陌生。但说起摩加迪沙来，大家就非常熟悉了。它是现代非洲国家索马里的首都。在郑和航海的时代，木骨都束是个繁荣富庶的港口城市。

古代的索马里人非常友好，对远道而来的大明船队给予了主人应有的热情。大明船队用所带的瓷器、丝绸、金银等交换了当地所产的乳香和龙涎香。宾主各尽其欢后，大明船队继续沿非洲东海岸南下，到了一个崭新的国度——麻林国。

2

在麻林国，我们经历了一番有趣的冒险。

麻林国地处非洲大陆的东部大草原地带，一条巨大的河流把大地剖开，两岸到处都是奇异的动物，仿佛进入了《山海经》中描绘的世界。之所以把这些动物称为"奇异"，是因为它们跟大明的飞禽走兽大不相同。

船队靠岸后，郑和依然没有下船，而是在

宝船上休养，我们"洪"字组自然充满好奇地下了船，然后一头扎进非洲大草原的怀抱，期待着一番惊险刺激的冒险。

我们雇了几匹驴子，并找了一名当地人做向导，便向草原腹地出发。坐惯了象车的我们偶尔骑在瘦小的驴子身上顿生一种隔世之感，仿佛穿越到了另一个世界。

子满打趣道："老哥，我有一种在穿越里的穿越的感觉。"

我瞪了他一眼："你想说什么，亲爱的老弟？"

子满解释道："我是说，我有一种回到原始社会的感觉，就差穿上树叶和兽皮了。"

马欢咧嘴笑道："那种茹毛饮血的时代我可不想回去。还是咱大明好啊，喝的是茶叶，用的是瓷器，穿的是丝绸，读的是宋版书，吃的是佳肴。你再看看麻林国，到处野兽横行，人兽杂处，荒凉啊，荒凉！"

我们一边谈笑，一边追逐无限展开的草原绿毯，似乎永远追不上。

忽然有几只狮子朝我们这边望了几眼，匆匆闪过。子满庆幸道："要不是看咱们背后背着标枪，它们可要扑过来了！"

我们随身携带了刀剑、标枪、绳子和各种药品，因为向导告诉我们，草原充满了危险，必须做好必要的防范。

继续往前走了半天的路程，我们忽然看见一只长颈鹿正在一棵大树前觅食，它高大的身躯简直让大树感到惭愧。除了我跟子满，洪保他们都是头一次看到长颈鹿，都看呆了。

　　马欢啧啧称奇："我从未见过如此高大的动物！"

　　童药师摇头，似乎不相信自己的眼睛："我饱读《山海经》，也不知道还有这么奇异的动物存在，不知道这是什么怪物？"

　　子满本想告诉他们名字，可是被我制止了。因为长颈鹿是现代的名字，或许在古代长颈鹿并不叫长颈鹿，而是叫什么别的名字。如果我们这样告诉大家，没准会贻笑大方。

　　这时候洪保忽然表情郑重地说："你们别瞎猜了，其实这就是传说中的瑞兽——麒麟！"

　　"麒麟？！"我们所有人都露出了惊异的表情。

　　洪保平静地说："有什么好奇怪的？你们看看它的样子，前两足高九尺余，后两足高六尺余，抬起头来得有一丈六高，头高高的，背低低的，谁也乘骑不了，头上生有两个肉角，牛尾鹿身，蹄有三跲，嘴扁扁的，不正是古书里写的瑞兽麒麟的形象吗？"

　　洪保引经据典，让我们也无话可说，麒麟就麒麟吧，反正就是个名字，随他怎么叫吧。可是洪保接下来的决定却让我们无端犯险。

他说:"自古以来麒麟就是国家昌盛、君王圣明的象征,也是圣人降世的征兆,春秋时期曾西狩获麟,孔子见到后认为是麟,传为千古佳话。如果咱们把这头麒麟运回大明,献给皇上,咱们可就立了大功啊。"

子满口无遮拦:"瑞兽还论头?还这头麒麟……嘻嘻。"

洪保有点儿尴尬:"怎么论姑且不论,你就说这个祥瑞咱们献不献?"

大家觉得这是一件好事,现代的动物园不都是把各国所产的动物聚在一起供游人游览观赏吗,大明为什么不可以?

于是,一场惊心动魄捕获瑞兽"麒麟"的行动就开始了。

3

首先,童大叔的草药派上了用场。

考虑到"麒麟"是如此庞然大物,任何企图纯用人力捕获它的可能性都几乎为零,所以我们绞尽脑汁,终于想出"用药"这一招。这方面童药师是个高手。他告诉我们,中药历来有"以毒攻毒"之说,以草药的毒性来治病。因此各种本草的药性、毒性,他都了然于胸。他在草原上转悠

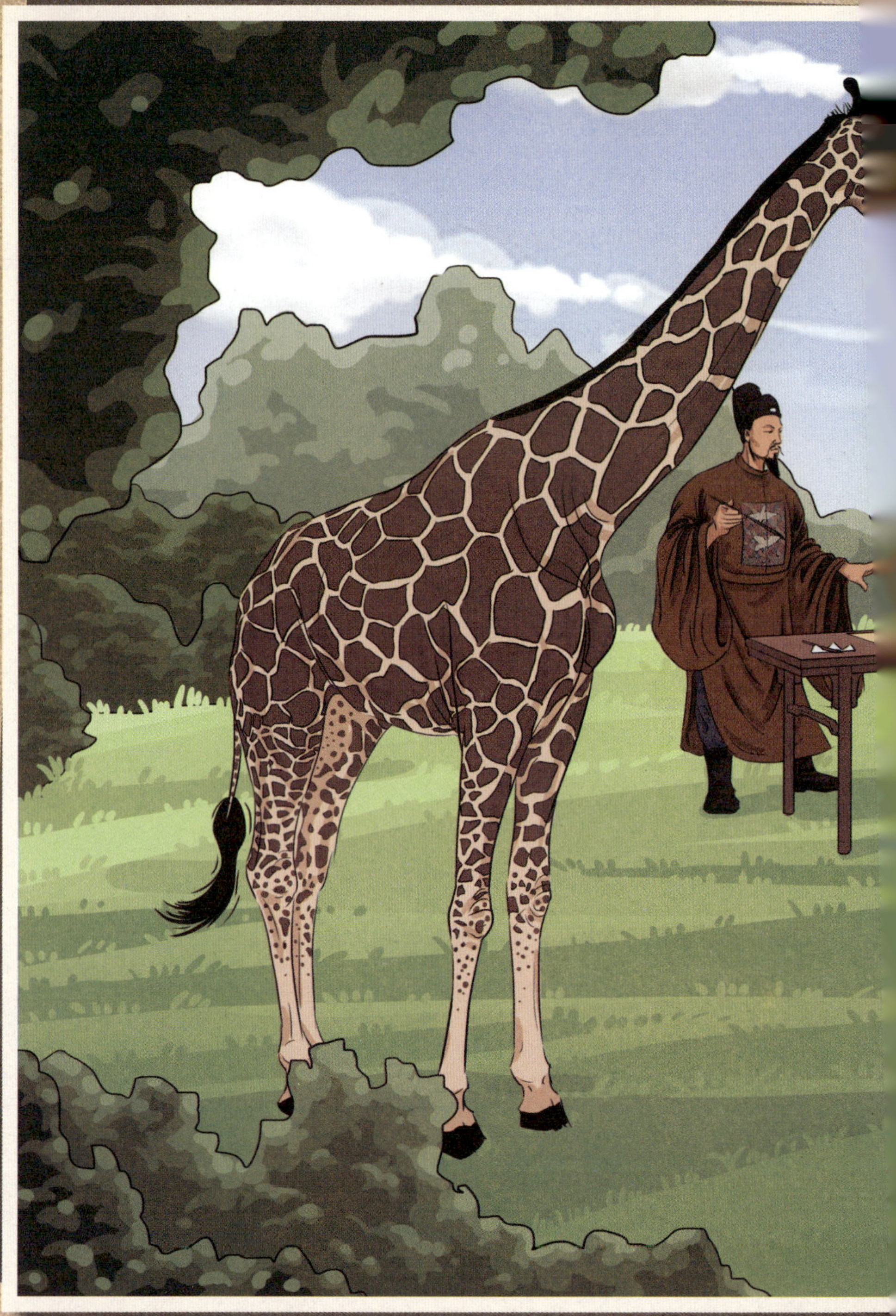

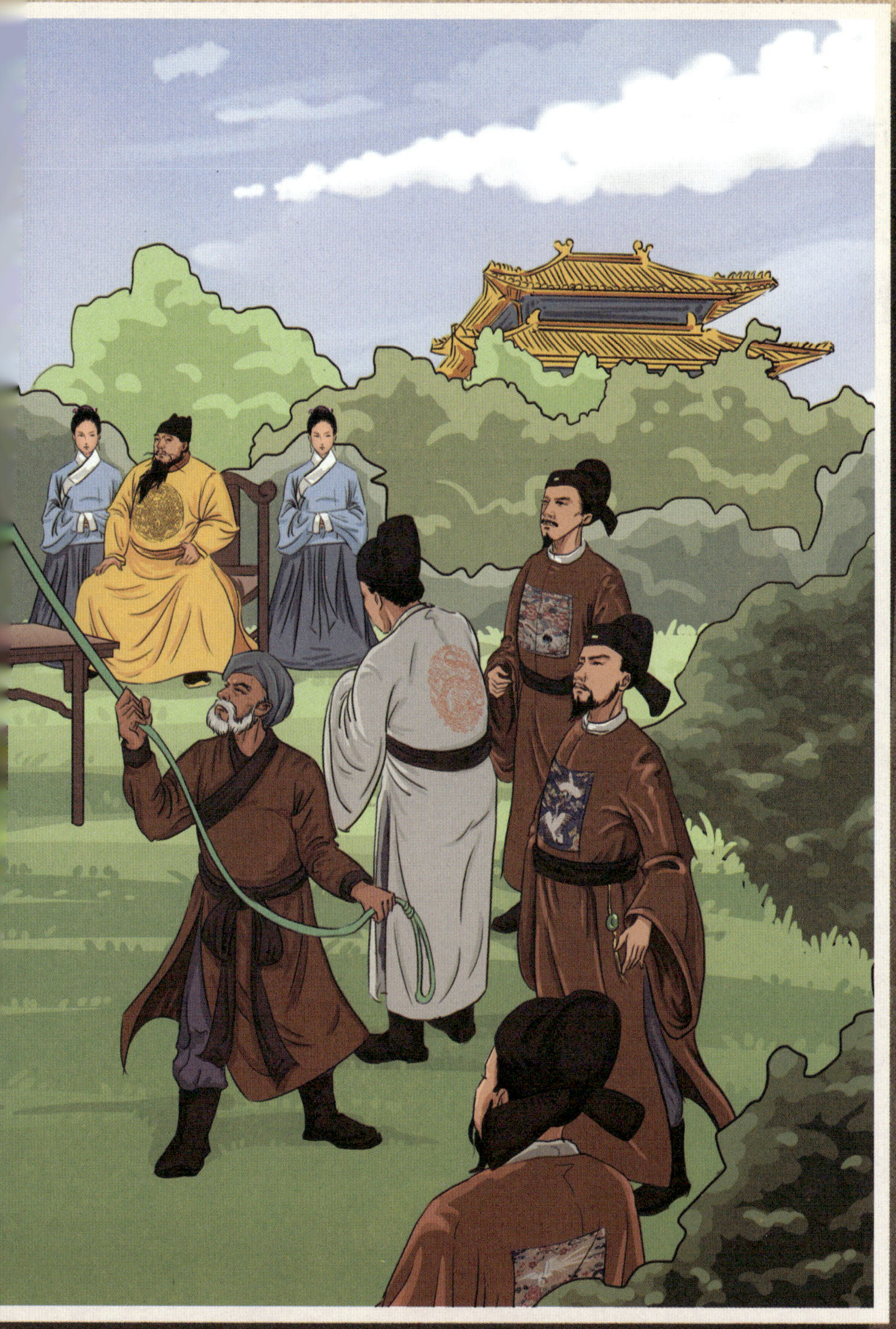

了一圈，很快便采到了能够麻倒几头大象的迷幻草药。他把这些草药捣碎了，放到一个烧着滚烫开水的大锅里熬煮。大约经过两个时辰，迷药终于熬成了。

在这两个时辰内，我们也没闲着，尤其是我的老弟，更是忙上加忙。我们随身携带的绳子虽然足够结实，但面对庞大的"麒麟"恐怕还不够用，于是我们用牛皮鞣制的皮筋——多亏了我们的向导，他家就是专业鞣牛皮制绳子的——把我们的绳子再加固了一层，准备捆绑和固定"麒麟"用。子满当初学造船术的时候，顺便学习了制绳术，没想到在关键时刻派上了用场。

与此同时，我们请向导在回村里拿鞣制牛皮的时候，顺便把村里所有青壮劳力都叫来，以便帮我们运输"麒麟"。因为我们许下极其可观的报酬，所以向导所在村的青壮年，甚至附近几个村的村民都赶了过来，为我们的"壮举"效力。

另外，子满敏捷如猴子的攀爬本领也发挥了作用。

子满爬到视线所及的最高大的一棵树上，并把迷药涂到树冠的每一片树叶上。这可是一项巨大而烦琐的工程，好在子满这次非常有耐心，一点儿没抱怨就爬上了树。后来为了加快进度，我们又请求向导帮忙，让他那些身手灵活的老乡也上树帮忙。

这个时候，洪保跟马欢也忙活了起来，他们花费重金雇来附近村里的木匠，准备制造一个超大的平板车。好在这个地方不缺原材料，一切都可以就地取材，而且取之不尽。更加幸运的是，村里的神庙里有之前宗教活动剩下的巨大木制车轮若干，洪保全都买来，安装到车子上，尽可能多地提高运力。

各项工作有条不紊地进行着，终于，惊心动魄的一刻到来了。

我们让勇敢的乡民各执标枪到"麒麟"的休息处大肆骚扰，把这些瑞兽往涂满了迷药的大树方向轰赶。"麒麟"们休息的美梦被打破，它们纷纷跑动起来，果然有几只身材高大威猛的朝着"药"树奔来。然后，乡民们停止骚扰，草原恢复了宁静。

睡意全无的"麒麟"开始优雅地散步，就像一位智者在阳光下踱躞。忽然一只"麒麟"发现有一棵大树散发着诱人的气息，于是它缓步走近，贪婪地嗅着大树的味道，然后围着大树转了一圈，找了一个十分合适的方位，开始啃咬树叶，大快朵颐起来。

过了大约有一顿饭的工夫，我们就看见——楼阁一样高大的"麒麟"先是歪了歪头，仿佛晕眩一样，头歪了几次，似乎就要睡着了，然后又强挺着吃了一会儿树叶，随后腿也发软，几次差点儿因为无力支撑而倒下，可是顽强的"神兽"依然坚挺着没有倒下。最终，它的眼睛闭上了，进食和咀嚼还在惯性地继续着。

"神兽"总归是"神兽"，就连最终躺下的姿势都让人觉得它是吃得累了。

"麒麟"倒下之后，童大叔过去仔细检查。我们提醒他小心，因为一旦"神兽"是假寐，或者睡得不彻底，冷不丁给他来上一蹄子，恐怕他就要躺在平板车上回去了。

童药师到了神兽跟前，试了几次，神兽并无反应，他才放开胆子翻了翻神兽的眼皮，然后打手势告诉我——搞定了！

之后，我们才知道麻翻一只"麒麟"并不难，难的是运输。再后来，我们才又知道陆路运输一只"麒麟"并不难，难的是海路运输。

"麒麟"被麻翻之时，就是超大平板车竣工之时。宽阔厚重的木板拼接得整齐结实，被安装在八个巨大的木轮之上。众人使出了吃奶的劲儿，抬起"麒麟"放到平板车上。平板车的前方是十六匹喂饱了草料的驴子和骡子，后边和两旁是重赏之下的勇夫——乡民。就这样，神兽以极其缓慢的速度被推向港口。

路上的艰辛不必细说，幸好是在平坦的草原上，没有高低起伏的颠簸，否则能不能把神兽运抵港口就两说了。让我记忆深刻的是，郑和见到神兽时的表情如同一个小孩子初次进入动物园见到各种稀奇古怪动物时的表情一样，充满了惊愕和好奇，同时又大喜过望。他不但重金犒赏了帮忙运送神兽的乡民，而且还把宝船上的好酒、瓷器、丝绸、布料赏赐给他们。

接下来最大的问题就是如何运送"麒麟"归国。

最后还是决定把神兽放在"洪"字号宝船中运输。这可难坏了洪保。我们苦思良策。后来我忽然想起我看过的一部纪录片，里面讲述了非洲的长颈鹿运往欧洲各国的历史以及运送的方法。虽然当下缺少后世那种先进的器械，不过原理是相通的，我相信我们可以通过一些笨拙的方法实现同样的目标。

我们当即决定打通底舱到甲板的空间，以便"神兽"可以站立，这是工程之一，难度不大；难度最大的在于如何把"神兽"装上宝船。为此，我们在岸

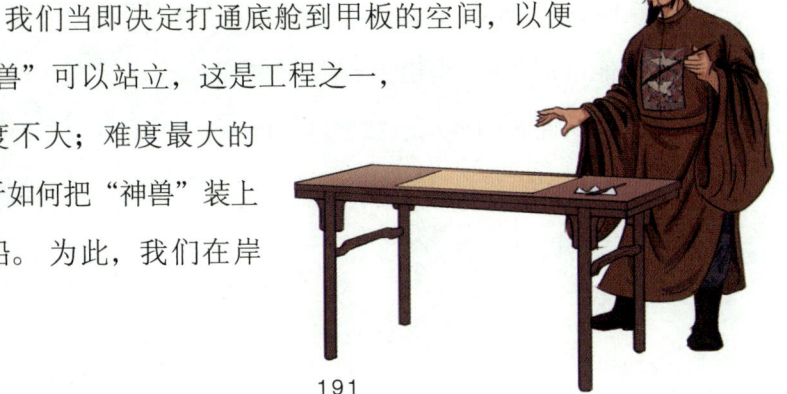

上竖立起一根足够高的木杆，有一个人合抱那么粗，一根木材不够高，最后是把五根木料用又粗又长的铁钉连接起来；然后组成滑轮。宝船上本来不缺滑轮，但都比较小，搬运一些瓷器和马匹绰绰有余，搬运"麒麟"就差点儿事了。没办法只好把这些小滑轮分成很多组，用些绳子连接起来，最终也能起到一个大滑轮的作用。

凡事预则立。一切准备就绪后，虽说是开天辟地第一次搬运这么大的动物，但整体看来十分顺利，只不过在搬运的过程中渐渐苏醒的"麒麟"踢倒了几根粗壮的桅杆，用它那张利嘴扯碎了几片风帆，用它那较长的前蹄踏碎了一片甲板。好在有惊无险，"神兽"总算上船了。为了防止它乱跑，船上的能工巧匠围着它制作了一个围栏。我们都以为它会害思乡病，没想到这家伙在吃上我们给它准备的美食后，很快就忘了生养它的非洲大草原。

随着"神兽"的上船入笼，我们也进入返航的征途中。

回到大明朝以后，永乐皇帝见了"神兽"高兴坏了，这比给他带来几十个国家的使臣还要高兴。还特意让宫廷画师作了一幅名曰《瑞应麒麟图》的画作。图中一个外国使者站在高大的"麒麟"面前，个头仅及神兽的前腿，神情极度尊崇和畏惧。

瑞应麒麟图

　　立轴，绢本设色，纵90.4厘米，横45厘米。此画描绘明永乐十二年（1414）郑和下西洋时榜葛剌国（今孟加拉国）进贡的麒麟，由明代儒林郎翰林院修撰沈度于永乐十二年作序，宫廷画家绘之，并将此序誊抄于画上。原画上部有《瑞应麒麟颂序》，从左边缘写满到右边缘，共二十四行，且有多枚印章。

　　现藏于中国台北故宫博物院。

第14章

尾 声

多少年以后，我跟子满航海归来，回到渤海湾，几经辗转寻找朱继清和张又瑄两位恩师的下落无果后，最终来到一个叫作石佛口的小山村，准备着悠游隐居。

石佛口是我们的故乡，坐落在一座小山脚下，北面和东面靠山，西南临着一条沙河。地方虽然不甚宽阔，但风景秀美怡人。在这个小山村，除了耕读，我们最喜欢干的事就是在阳光下回味往事。

往事无尽，那些海上航行的传奇故事，永远使我们的生命年轻。可以记述的毕竟有限，头脑中的一鳞半爪足能唤起对过往岁月的缅怀。

以下所记，都是我们跟随郑和下西洋航海的所见所闻，因为各种原因而未能入载正文，或许是时间老人故意遗漏，或许是我在回忆的时候有所取舍，或许一些悲伤和惆怅的情绪跟正文的行文风格极不协调……不过，它们同样重要。

第三次下西洋的时候，我们先到了占城，然后辗转到了地处中南半岛的真腊国（今天的柬埔寨）。在真腊国，我们有幸目睹了历史名城吴哥城被废弃前的荣光。

沐浴在落日余晖中的吴哥城，到处散发着辉煌的色彩。吴哥城的城墙有七八十里长，城中布满了金塔、金桥、殿宇。我们去的时候正赶上吴哥人的盛大节日，广场上建有百洲塔，玉猿、孔雀、白象、犀牛罗列其上，异彩纷呈。

就是这么一座伟大的城池，竟然在我们参观后的十年，因为暹罗国的入侵而遭到废弃，后来竟然湮没在四处蔓延的热带雨林之中，直到1861年被法国博物学家兼探险家亨利·穆奥发现，才使这座历史名城重见天日。

当时，我记得我让子满尽情地享受吴哥所带来的震撼之美，并且告诉他："老弟，美的东西往往都是稍纵即逝的，因此当它焕发着美的时候，你要不顾一切地欣赏！"

第三次航行时，我们还去了一个叫作榜葛剌（今孟加拉国）的国家，在那里观赏了让人心惊肉跳的虎戏。

马欢在他的笔记《瀛涯胜览》中描写了惊险刺激的虎戏场面。虎戏一般由一对夫妻共同来完成，他们用一根粗铁链拴住一只猛虎，刚开始的时候，猛虎会做一些不算危险的动作，看起来也不算惊险；后来，索性把铁链从虎身上解去，让失去了束缚的猛虎听从他们的号令进行表演，这已经让我们把脆弱心脏提到了嗓子眼，其后更加凶险。那个丈夫开始挑衅猛虎，跟猛虎武打，甚至是摔跤，后来干脆把整个手臂和脖子都伸到猛虎的口中。那老虎但凡生起一丝恶意，他就会被咬为两截。幸好，猛虎并未这样做。

第六次返航的时候，噩耗传来——支持郑和进行远航的永乐皇帝朱棣死于远征的归途。据说郑和在宝船上听到这个不幸的消息，当时就吐血晕倒，几天几夜未曾睁眼，多亏童药师百般呵护照料，才使他渐渐苏醒。

由于永乐帝的去世以及郑和身体的损伤，第六次远航后很长一段时间里，大明的船队再也没有规模宏大地出现在海上。

直到宣德六年（1431），郑和才拖着病躯，再次组建起有着六十一艘宝船、两万七千五百五十人的船队，满载着宣德青花瓷，浩浩荡荡地出航。这次航行，使得大明青花瓷誉满天下。

第七次下西洋，航行到古里国时，派遣洪保带领着"洪"字组携带大量贵重的礼物，前往天方国都城。

洪保寿藏铭

全称《大明都知监太监洪公寿藏铭》，长57厘米、宽57厘米，预立于明宣德九年（1434）十月六日，2010年6月出土于南京江宁祖堂山社会福利院工地，是迄今为止记载郑和下西洋最为翔实的碑志之一。

现藏于南京市博物馆。

三清宝殿铜钟

又称郑和铜钟。明宣德六年(1431)，郑和第七次下西洋前，为其所建长乐南山三清宝殿而铸造。钟高68厘米，钮高14厘米，口径49厘米，重77千克。

钟体呈褐绿色，覆釜形，葵口。钟钮为双龙柄，钟肩表面浮印十二组云气如意纹，腹中部以云水波浪纹为母题，还铸有铭文、八卦、云雷等字纹。主纹饰上部环绕一周八卦纹，共五组，其中第四组各铸有"国泰民安"和"风调雨顺"铭文。铜钟下部铭文5组共54字行楷，每字1.8厘米，加标点为："大明宣德六年岁次辛亥仲夏吉日，太监郑和、王景弘等同官军人等，发心铸造铜钟一口，永远长生供养，祈保西洋回往平安吉祥如意者。"此钟形体古朴，饰纹优美，铸工精良。

现藏于中国国家博物馆。

第14章 尾声

在天方国都城，子满兴致勃勃地倾听了一位长老给他讲述天方夜谭的故事，深深钦佩山鲁佐德女士的善心、智慧和英勇。她用讲述故事的方法吸引那位每天都要杀掉一个女孩子的国王，一直讲了一千零一夜，才终于感动国王，与她白头偕老。

在返航途中，伟大的航海家郑和沉疴难起，长眠于大海之上。

回到陆地后，我们专程去了当初竖立石碑却没有刻上文字的大天妃庙，安排雕刻师把郑和七次航海的光辉事迹刻在石碑上，以了一代航海家的心愿。

又过了几年，我们获邀参加了"洪"字组组长洪保的葬礼，在那里遇到了故友马欢和童药师。我们一同见证了洪保寿藏铭被埋入洪保的坟前，上面记载了他追随郑和一同航海的无数传奇。甚至我们的耳畔时常响起第七次下西洋之前，船队从长乐港出发时三清宝殿那口铜钟悠扬而绵长的声响……

后记

中国古代的航海之魂

郑和是中国历史上最了不起的航海家之一。这么说，相信没有人会反对。但在郑和之前，有史可考的，从三国到隋唐，从宋元到明朝，中国的航海事业从未中断，郑和是这条航海脉络上的一个节点，一个最辉煌也最重要的节点。

如果谁告诉你，郑和之前中国是没有航海的，或者中国的航海不行，那绝对是错误。我们有充足的证据反驳这种说法。

三国时期的朱应、康泰，魏晋南北朝时期的法显，唐朝的义净、鉴真，宋朝的徐兢，元朝的周达观、朱清、张瑄、汪大渊，明朝的郑和、王景弘等，都是闪耀在中国古代航海之路上的璀璨明星，他们描绘出了中国古代航海史波澜壮阔的画卷。

郑和代表着中国古代航海的高峰。他铸就了中国古代航海史的制高点，但他不是孤立的，不是偶然的，不是凭

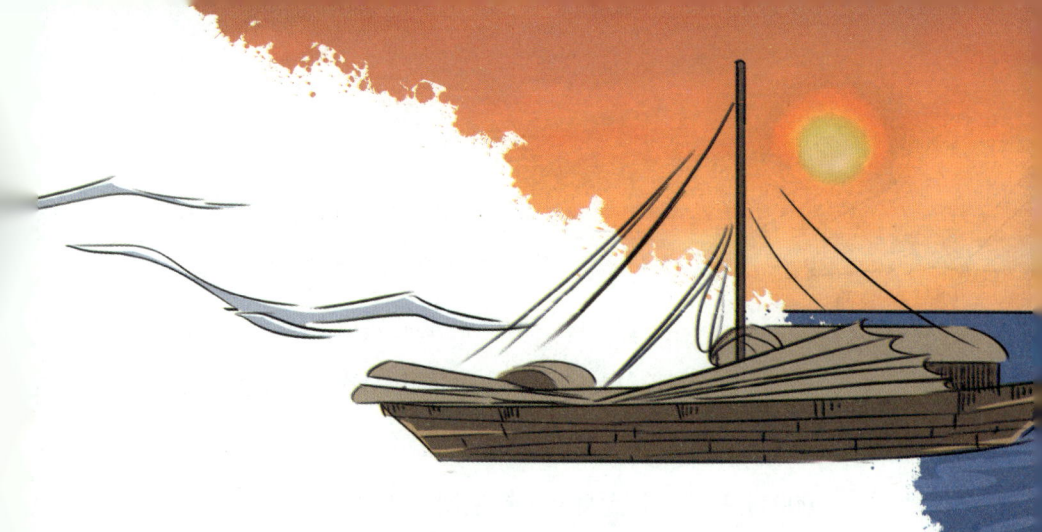

空而来的，而是有着深刻的历史渊源的。

书中子六和子满的航海技术学自元朝的航海家朱继清和张又瑄，其实就是一种航海传承的隐喻——郑和的航海亦是继承了元朝航海事业，并发扬光大的。

郑和的航海事业有多伟大，不妨先来看看他创造的几项之最。

首先是航程之远，创下了古代世界范围内航海的最远距离。据考证，郑和的船队已经抵达或接近现在的莫桑比克海峡。熟悉世界航海史的人都知道，这么遥远的距离，在人力为主要动力的时代，只有郑和及其率领的大明船队做到了。

其次，郑和通过航行而构建的明朝的朝贡体系，庞大得超乎我们的想象。

相关统计表明，通过郑和七次下西洋，与大明建立了朝贡贸易关系的国家达150多个。有4个国家的9位国王亲自来到中国，有的甚至长眠于中国。

还有，我在书中不止一次提及的明朝的宝船，真的创下了当时世界之最，排水量最大（超过2000吨），尺寸最大（大号宝船长138米，宽56米），舵杆和锚都是最多，船队的规模最大（大小船只100多艘），出航的人数最多（将近3万人），船上的设备和装置也无可比拟，甚至包括了实验船和种植船。

哥伦布发现新大陆是在1492年，比郑和晚了87年。他的船队只有3艘，最大的排水量也刚到280吨，搭载水手88名，跟大明船队比较，简直可怜得不能再可怜。

再看看葡萄牙航海家达·伽马的船队航线。达·迦马航海起航前往印度的卡利卡特港，是在1497年，比郑和航海晚了93年。他的船队包含4艘船只，最大的排水量只有300吨，水手160名，根本无法与郑和的船队相提并论。

2002年，英国有一个叫作孟席斯的退役海军军官，出版了《1421：中国发现世界》一书。他在书中运用地理、民族、天文、航海、古地图等各种学说，阐述了是中国人首先实现环球航海，比哥伦布早了70年发现美洲的观点。

当然，孟席斯的考证并不严谨，得出的结论中的漏洞还有很多，但有一点可以确认，那就是郑和航海的世界影响力巨大。

20世纪末，美国《国家地理》杂志评选千年来影响世界的100人中，有7个中国人上榜，其中郑和排名第一。梁启超，把郑和跟哥伦布、达·迦马相提并论，是"并时而兴的海上巨人"。

但令人遗憾的是，近代中国错失海权兴起的机遇，晚清甚至演变成"西方国家在海岸线上架几尊大炮就能征服一个国家"的局面，实在让人扼腕。

当下，中国积极倡议海上丝绸之路，真可告慰中国古代航海史最后一位英雄郑和了。他不会被历史忘记，更不会被人民忘记。

郑和的航海精神让中国人的旗帜永远飘扬在辽阔的大海上。

明朝穿越指南

　　明朝是个等级制度森严的朝代，如果你穿越到明朝，一定要遵守相关的规定，否则会有大麻烦，遭遇可能会很悲惨。不过，你是个遵纪守法的人，那么穿越到明朝其实还是很幸福的，因为在明朝你可以欣赏到绝美的艺术、品尝到可口的美食、参加各种娱乐活动。

吃在明朝

明朝人的餐桌异常丰富起来，不仅本土的种植技术得到改进，外来食物也极为丰富，诸如玉米、红薯、花生、土豆、辣椒已经陆陆续续地传入了中国。

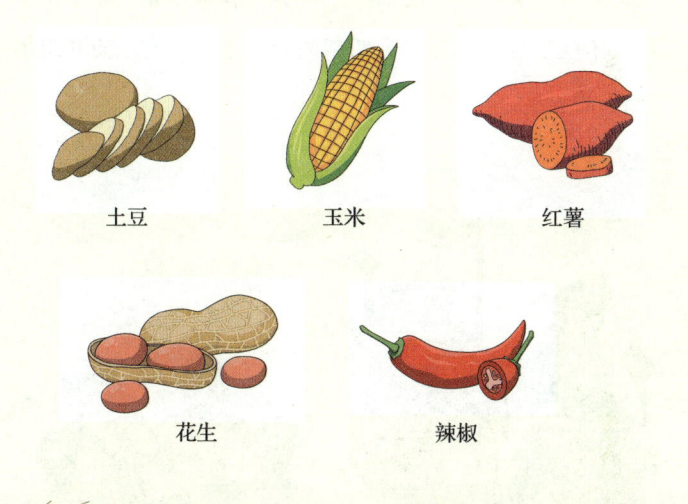

土豆　　　　玉米　　　　红薯

花生　　　　辣椒

清代陆应旸在《樵史演义》中对明人的日常生活有着详细的描写，关于明朝人的吃有不少内容。他说："只说柴米油盐、鸡鸭鱼肉诸般食用之类，哪一件不贱，假如数口之家，每日大鱼大肉，所费不过二三钱，这是极算丰富的了。

还有那小户人家，肩挑步担的，每日赚得二三十文，就可过得一日了。到晚还要吃些酒，醉醺醺说笑话，唱吴歌，听说书，冬天烘火夏乘凉，百般玩耍。那时节大家小户好不快活，南北两京十三省皆然。"这些描述，令人好不向往！明人张岱的《陶庵梦忆》写道："小菱如姜芽，辄采食之，嫩如莲实，香似建兰……深秋，橘奴饱霜，非个个红绽，不轻下剪……"可见明朝的食物不仅丰富，而且到了"精"的程度。

穿在明朝

明朝穿越指南

　　提起明朝的服饰，麒麟服和凤冠霞帔可作为代表。麒麟服因上面绣有麒麟而得名。麒麟真正作为纹样出现在官服上用来标志武将，始于武则天时期。到了明朝，则无论文武。麒麟服的特点是大襟，斜领，宽松的袖子；胸前、背后各绣有一组纹样，肩上、腰下也有分布；另外在左右的肋下，各缝一条被称为"摆"的宽边。

　　凤冠霞帔是女性的专享。凤冠是明朝妇女服饰中最为庄重的一种礼冠，主要分为两种，一种是皇后及宗亲佩戴的饰有龙凤的龙凤冠；另一种是彩冠。从形制上来说，花钗数越多，品级越高。霞帔是明朝后妃及内、外命妇的一种礼服，也随着品级的不同而呈现出不同的样式。有记载说，"今命妇衣外以织文一幅，前后如其衣长，中分而前两开之，在肩背之间，谓之霞帔"，其"形似两条彩练，绕过头颈，披挂于胸前"。

在平民中，居家常服——道袍大受追捧，成为婚礼时的着装。道袍源自中国古代的汉服中的"褶"，相传是周武王亲自制成，在明朝渐渐演变为道袍。明朝男子将其当作居家所穿的外衣或者是平民男子的婚服。这种服饰的特点是直领、大襟，衣服两边开衩，穿着时可以搭配布制细腰带。道袍的面料主要是纱、绢、罗、缎、布等，颜色丰富、花色多变。

明朝的娱乐

除了享受昆曲带来的高雅享受，明人还有多种方式满足身心需求。比如：

打猎：

皇族、贵族和平民都喜欢打猎。都城北京，皇帝打猎的地方叫作"南海子"，现在是北京最大的郊野公园，可在明朝却是皇族飞鹰走狗的地方，里面豢养着麋鹿和各种奇珍异兽。其实，除了南海子，北京的近郊远郊，到处都有皇帝狩猎的踪迹，足以证明朝狩猎之风的盛行。

斗戏：

明朝流行各种斗物游戏。宣德皇帝朱瞻基是出了名的蟋蟀皇帝。据说，他酷爱斗蟋蟀，还曾封过蟋蟀为大将军，

"奋勇但希当一笑,须须却拜大将军",说的就是这个事。

尚武的正德皇帝朱厚照则喜欢斗鸡。上有所好,下必甚焉。在明朝中后期,有权势的太监竟然开设公开赌钱的斗鸡场。

滑冰：

　　宋朝就有了滑冰活动，到了明朝更加发扬光大了。嘉靖时期，滑冰不仅变成了王公贵族的常规体育项目，也是民间比较风靡的冬季运动。每逢冬至，阳德门外，就有"拖床"——冰爬犁在冰上"飞"过。

明朝的瓷器

　　明朝的青花瓷引领世界风尚。景德镇的青花瓷独步天下。其实，除了青花瓷，景德镇的其他瓷器也十分出色，比如彩瓷，永乐、宣德之后，彩瓷盛行，最具代表性的为成化斗彩。

永乐青花缠枝莲纹压手杯

宣德青花海水双龙纹内暗花龙纹高足碗

宣德青花海水龙纹钵

成化斗彩鸡缸杯

成化斗彩三秋杯

成化斗彩怪石花蝶纹罐

明朝穿越指南

斗彩是釉下青花和釉上彩色相结合的一种彩瓷工艺。其代表作是成化斗彩鸡缸杯，堪称绝品。到了嘉靖、万历时期，五彩瓷在彩瓷的基础上焕发出更大的艺术魅力。五彩瓷以红、淡绿、深绿、黄、褐、紫及釉下蓝色为常见，色彩浓重，突出红彩，极为明艳华丽。

明永乐甜白釉碗　　弘治娇黄釉描金双耳罐　　正德孔雀绿釉碗

明朝的建筑

明朝的建筑以紫禁城的营造为突出代表。紫禁城四面开门，四隅设角楼。全城分为外朝和内廷两部分，外朝供处理朝政、举行典礼、召见大臣、接待宾客等用；内廷是皇室居住、生活的场所。明永乐皇帝迁都北京后，皇宫城池本严禁百姓随意入内。明朝中期，逐渐向民间开放外城而退守内城。到了明末，禁区从不可随意出入的整个"皇城"，缩小到巍峨森严的内城。以"紫禁城"为内城专有名。

　　明朝的民居，有着严格的等级区分。官员造宅不许用歇山及重檐屋顶，不许用重拱及藻井。此外，又把公侯和官员的住宅分为四个级别，从大门与厅堂的间数、进深以及油漆色彩等方面加以严格限制。至于百姓的屋舍，则不许超过三间，不许用斗拱和彩色。否则则是逾制。但到了明朝后期，逾制的现象就已经十分普遍了。

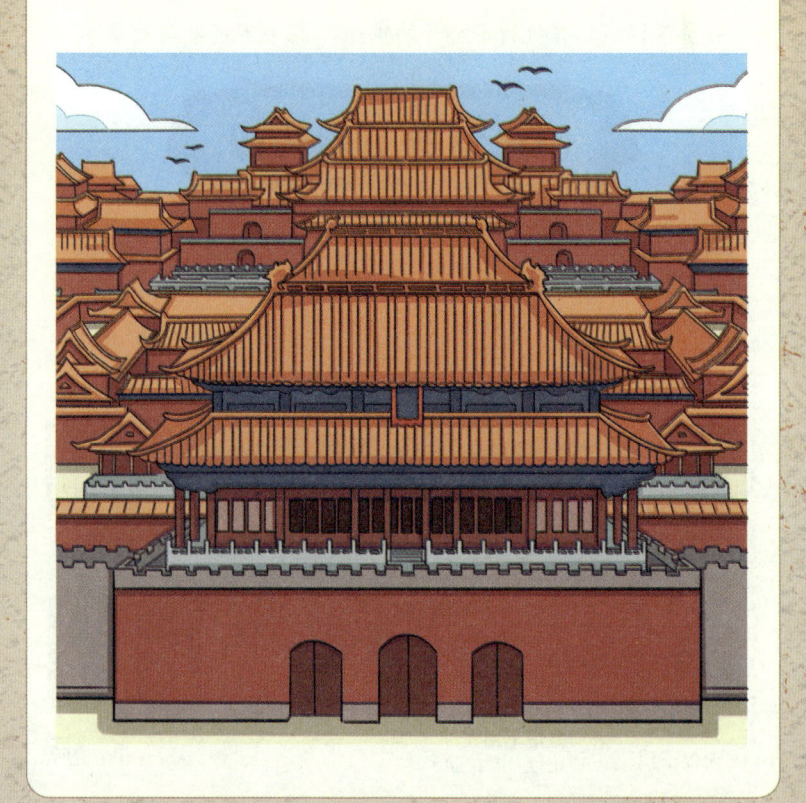

明朝的锦衣卫

锦衣卫，是明朝的"特产"，前身为明太祖朱元璋设立的"拱卫司"。朱元璋为加强中央集权统治，让锦衣卫掌管刑狱，赋予巡察缉捕之权，下设镇抚司，从事侦察、逮捕、审问等活动。他们直接听命于皇帝，可以逮捕任何人，包括皇亲国戚，并进行不公开的审讯。锦衣卫还参与收集军

明代锦衣卫结构图

拱卫司 → 亲军都尉府 —统辖→ 仪鸾司 → 锦衣卫

- 指挥使（首领）
- 守卫值宿；侦察与逮捕；典诏狱

核心五所：中所、前所、后所、左所、右所
（统领校尉管理仪仗，每个所都下辖10个司）

上中所、上前所、上后所、上左所、上右所、中后所、尧军所、驯象所、旗手千户所
（管理力士和军匠）

銮舆司、擎盖司、扇手司、旌节司、幡幢司、班剑司、斧钺司、戈戟司、弓矢司、驯马司
（专理皇帝下诏案件 诏狱（锦衣狱））

无权干预

经历司
镇抚司 → 北镇抚司（北京）、南镇抚司（南京）
各设有5个卫所

情、策反敌将的工作，如在万历朝鲜战争中收集了大量的日军军情。1661 年，南明永历帝辗转逃难，锦衣卫指挥使马吉翔遇难被杀，随着他的死去，锦衣卫长达 290 年的历史也宣告结束。

在明朝，锦衣卫除了那些特殊任务外，某种程度上还是明朝流行文化的引领者，其中最著名的要数锦衣卫的绣春刀和飞鱼服，在很多影视剧里都能见到，这两样东西都是皇帝赏赐给锦衣卫用的，并不是锦衣卫的日常装备。其实，真正的绣春刀长啥样，史书并没有留下翔实的记载，不过因为这种刀被锦衣卫所用，所以才受到推崇，传说绣春刀每一柄都是千锤百炼之作，所以刀锋锐利无比；飞鱼

服则非常漂亮，飞鱼并不是现在所说的那种海鱼，而是一种近似龙首、鱼身、有翼的神兽。飞鱼服由明代内廷织造局生产，在设计上为单袍，领口交叠，单边右襟在上，阔袖束腰，下摆宽大呈"曳撒"式。在前胸、后背、两肩、通袖及膝襕处，彩织以飞鱼、流云、海浪及江崖图案，风格鲜明。